②

SANS FRONTIERES
WORKBOOK
A Contemporary Program for Communicating in French
LEVEL TWO

Michèle Verdelhan
Assistante en linguistique générale
à l'université de Montpellier

Michel Verdelhan
Professeur à l'École Normale
de Montpellier

Philippe Dominique
Agrégé de l'université
Maître assistant à l'université d'Aix-en-Provence

Sister Marie Celeste, S.C., Ph.D.
Professor of Modern Languages
Loyola University of Chicago
Former Director of Foreign Languages
State of Illinois

Chantal Plum

Illustrations
Max Lenvers

National Textbook Company
NTC a division of *NTC Publishing Group* • Lincolnwood, Illinois USA

1995 Printing

© 1985, 1984 National Textbook Company, a division of NTC Publishing Group,
and CLE International (Nathan, Paris).
All rights reserved. No part of this book may be reproduced,
stored in a retrieval system, or transmitted in any form, or by any means,
electronic, mechanical, photocopying or otherwise, without the prior
written permission of NTC Publishing Group, 4255 West Touhy Avenue,
Lincolnwood (Chicago), Illinois 60646-1975 U.S.A.
Manufactured in the United States of America.

4 5 6 7 8 9 VP 9 8 7

CONTENTS

INTRODUCTION

This workbook accompanies the student textbook, *Sans Frontières*, Level 2. Emphasizing reading and writing skills, it supplements the exercises and activities in the textbook. The numerous illustrations enliven the content and increase interest. Geared to intermediate-level French classes, this workbook may be used as a tool for independent study or as teacher-guided resource material.

The objectives of this workbook correlate with those in the student textbook; that is, students learn to understand, speak, read, and write French, and, through unit themes, situations, and characters, expand their knowledge of France and Francophone countries.

This workbook consists of three units of five lessons each. The lessons are systematically divided into five parts:

A. Grammar and vocabulary/spelling (*Grammaire et orthographe*);
B. Reading for comprehension and discussion (*Compréhension et analyse*);
C. Written communication (*Expression*);
D. Word games (*Jeux*);
E. Selected literary texts (*Textes*).

Ample exercise drills are provided to ensure the mastery of these components. Under the guidance of the teacher, students may select the exercises they deem necessary or useful to them in each part. Directions are clearly stated in French.

The answer key for the exercises in each lesson as well as the solutions to the crossword puzzles are page-referenced and appear in the Teacher's Manual. For the correct answers to the exercises and games, students may seek the help of the teacher when necessary.

Part A follows closely the grammar and vocabulary/spelling material of the units in the student textbook, discusses fine points of language usage, and provides additional written drills. Particular attention is given to vocabulary that might present difficulties or confuse the learner. For example: the use of *aussi/non plus; oui/si; ou/où; pendant/depuis*; and abbreviations.

Part B stresses reading for comprehension. The items are taken from newspaper articles, advertisements on tourism and travel, signs in railroad stations and post offices, movie ads, television, and book reviews. They feature celebrated personalities and treat a variety of topics, such as the African *griots* (troubadours) and their traditional chants; where and how to make long-distance telephone calls in Paris; a maple sugar party in Quebec; the Chinese and their love for movies; how to prevent *télé-indigestion*. Question and answer drills are provided to test students' reading ability and comprehension.

Part C emphasizes sentence structure and composition, and includes a wide range of written forms and topics. This section uses illustrations and authentic documents, sketches and drawings of real-life situations, and readings as stimuli for written practice drills and imaginative or creative writing exercises. These consist of writing dialogues; anecdotes; scripts; newscasts; invitations to a wedding; character descriptions, to name only a few.

Part D offers the students purposeful word games as challenging devices to expand their vocabulary and sharpen their understanding of French humor and wit. These exercises include games such as: rebuses (picture puzzles); charades; crossword puzzles; unscrambling letters to form words; finding the humor in a French joke; and transforming sentences previously written phonetically by use of the correct French words. The use of the dictionary is recommended when working on these activities.

Part E presents complementary reading material. In this section, students are introduced to a variety of literary forms through excerpts from selected writings of French, French-Canadian, and African poets, novelists, dramatists, and songwriters. The excerpts highlight writers from Du Bellay to Camus and Brassens and the Canadian Lévesque; from the African griots to Birago Diop and Ahmadou Kourouma.

The drill exercises for Part E include literary and textual analyses; the recitation and memorization of poems; role playing; impersonations; writing original poems on a given theme; summarizing texts; constructing a dialogue from passages in a novel; using a given text as inspiration to develop an original work in descriptive or narrative prose. These exercises encourage students to learn more about the history of French literature and to read biographical sketches of authors to discover the circumstances that inspired a given work.

A special feature, at the back of the workbook, is the inclusion of several maps depicting the geographical composition of the Francophone world. The map of France indicates the historic French provinces and their important cities. The map of Africa locates the countries and places mentioned in the dialogues of Unit 2 in the student textbook and in the supplementary readings in this workbook. In the Western Hemisphere, the map of North America highlights Canada, the islands of the Caribbean Sea, the French Antilles, and, in South America, French Guyana. The world map points out at a glance all Francophone areas and the global importance of French language and culture.

Unité 1, LEÇON 1

A. GRAMMAIRE ET ORTHOGRAPHE

• **Accord des participes passés**

1

I. Lisez ce dialogue (A = François. B = Monsieur et Madame LEGRAND).

A : — Je suis passé chez vous tout à l'heure.

B : — A quelle heure es-tu venu ?

A : — Je suis sorti de chez moi à 4 heures mais je ne suis pas allé chez vous directement, je suis allé à la poste envoyer un paquet. Je suis arrivé chez vous à 5 heures environ.

B : — Alors tu es arrivé quand nous sommes partis : à 5 heures, nous sommes allés chercher mon oncle à la gare.

Récrivez le dialogue en imaginant que A = Juliette et B = Emmanuelle et Claire *et accordez les participes passés en conséquence.*

II. Accordez les participes passés (en italique).

2

— Pierre a téléphoné : il n'a pas *reçu* ses livres.

— Il ne les a pas *reçu* ? Je les lui ai *envoyé* la semaine dernière ! Et ma lettre, il l'a *reçu* ?

— Oui, il l'a *reçu* et il te remercie, mais il attend ses livres !

III. Accordez les participes passés quand c'est nécessaire.

3

— Comment se sont *passé* vos vacances ?

— Assez mal : il a *plu* tout le temps, nous n'avons pas *pu* nous baigner, et il a *fallu* rentrer en avion.

— En avion ?

— Oui, nous avons *eu* un accident.

— Un accident grave ?

— Non, la voiture a *dérapé* dans un virage et elle est *tombé* dans un fossé. Heureusement nous n'avons rien *eu* !

— Et la voiture ?

— Nous l'avons *laissé* là-bas !

• **Je vais / Je veux**

4

I. Complétez en choisissant entre je vais *(v. aller) et* je veux *(v. vouloir).*

1. — Est-ce que vous êtes allé à la poste ?
   — Non, je . V.o.i.s . y aller tout à l'heure, mais avant je . veux . absolument terminer ce travail.

2. — Voulez-vous une tasse de café ?
   — Non, je vous remercie, je ne . veux . pas de café, je VAIS . bientôt aller déjeuner.

3. — Est-ce que tu lui as téléphoné ?
   — Non, je ne veux . pas lui téléphoner, car elle, elle ne me téléphone jamais !

4. — Alors, c'est vrai, vous allez en Afrique pendant les vacances ?
   — Oui, je VAIS . aller au Sénégal, j'ai des amis là-bas.

● **Pronoms compléments**

5

II. Complétez le dialogue suivant en choisissant le pronom complément convenable (lui - le - la - l').

— Est-ce que tu as répondu à ta grand-mère?
— Oui, je .... ai répondu: je .... ai écrit une longue lettre et je .... postée avant-hier.
— Et demain, c'est l'anniversaire de ta sœur, est-ce que tu .... as acheté quelque chose?
— Non, pas encore; elle veut le concerto de Ravel et je ne *l'* ai pas trouvé.
— Alors, qu'est-ce que tu vas *l'* acheter?
— Je vais *l'* acheter un autre disque, et je *lui* apporterai demain.

6

III. Complétez en utilisant les pronoms compléments qui conviennent (les ou leur).
— Cet après-midi, je suis allé au cinéma avec les enfants. Je crois que le film *leur* a plu.
— Tu .... as sûrement fait plaisir, ils adorent le cinéma. Qu'est-ce que tu .... as emmenés voir?
— Le dernier film de Bergman : « Fanny et Alexandre. »
— Et ça ne .... a pas ennuyés?
— Non, pas du tout; l'histoire .... a intéressés.
— Et où sont-ils maintenant? Je ne .... entends pas.
— Je .... ai déposés à la piscine et j'irai .... chercher dans une heure.
— Eh bien, c'est une bonne journée pour eux! Je .... envie; moi j'ai travaillé toute la journée!

B. COMPRÉHENSION ET ANALYSE

● **La dame de cœur**

Lisez l'article, puis complétez le texte.

Édith Piaf est une célèbre *chanteuse* française. Elle *est morte* il y a 20 ans. Sa voix incomparable a *bouleversé* le monde. On *lui consacre* des livres et un film. Ceux qui *cherchent* le souvenir de « la Môme » Piaf iront certainement voir *l'exposition* qui lui *est* au Forum des Halles. Édith Piaf *est* la dame de cœur des Français. *consacré dédiée*

ELLE a disparu il y a vingt ans, mais elle est restée la dame de cœur des Français : Edith Piaf, cet immense petit bout de femme dont les tripes, l'âme et la voix incomparables ont bouleversé le monde. Pour beaucoup, 1983 sera l'année Piaf.

Le film et les livres qui lui sont consacrés rallieront sans doute un grand nombre de spectateurs et de lecteurs.

Mais tous ceux qui ont sincèrement conservé, dans la mémoire du cœur, le souvenir de « la Môme » iront au Forum des Halles où une exposition lui est dédiée (du 1er avril au 8 mai).

Ceux qui viendront au Forum retrouveront la Piaf de toujours. Et, grâce à des enregistrements, sa voix, *« une voix qui sort des entrailles*, écrivait Jean Cocteau, *une voix qui l'habite des pieds à la tête, déroule une haute vague de velours noir ».*

Jean-Pierre MOGUI
Le Quotidien de Paris, 1er avril 83

vous désirez téléphoner...

Utilisez, en vous munissant préalablement de pièces de monnaie (page 15), une des 146 000 cabines existant sur la voie publique et autres lieux publics ③ ou adressez-vous au guichet téléphone d'un de nos 18 000 bureaux de poste ① , si vous appelez à partir de votre hôtel, du café ou du restaurant, votre facturation risque d'être supérieure à la taxe officielle (maximum 40 %).

Tarifs réduits :
● tous les jours, de 21 h à 8 h, pour tous les pays de la CEE,
● de 22 h à 10 h pour le Canada et les Etats-Unis,
● de 20 h à 8 h pour Israël,
● et, pour ces mêmes pays, les dimanches et jours fériés français toute la journée.

Communications spéciales : (avec surtaxe)
● PRÉAVIS (PERSONNELLE). N'est établie et facturée que lorsqu'il est possible de joindre personnellement le correspondant demandé.
● PCV (PAYABLE A L'ARRIVÉE). Est payée, après accord, par la personne que vous appelez.

... télégraphier...

Pour joindre rapidement quelqu'un à qui vous ne pouvez téléphoner, déposez votre texte au guichet d'un bureau de poste ① ou téléphonez-le depuis l'hôtel. La taxe varie suivant la destination et le nombre de mots avec un minimum de perception de 10 mots (France) ou de 7 mots (autres pays).

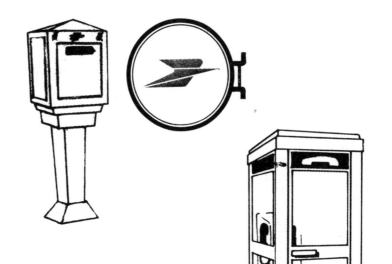

... effectuer des envois...

● **L'achat des timbres :** dans les bureaux de poste ① (où on vend également des aérogrammes), les bureaux de tabac ou dans les distributeurs automatiques jaunes disposés sur la façade de certains bureaux. Ils fonctionnent avec de la monnaie.

● **Les boîtes de dépôt des lettres :** à l'extérieur et à l'intérieur des bureaux de poste, mais aussi près des bureaux de tabac et lieux de fort passage du public ②.

Lisez puis répondez aux questions.

● **Vous désirez téléphoner...**

— Combien y a-t-il de cabines téléphoniques dans les rues, en France ?
— Combien y a-t-il de bureaux de poste en France ?
— On peut téléphoner aussi d'un hôtel, d'un café ou d'un restaurant, mais est-ce plus ou moins cher que de téléphoner d'une poste ?
— Les communications téléphoniques sont-elles plus ou moins chères la nuit ?
— Vous devez téléphoner au Canada. Quels jours et à quelles heures paierez-vous moins cher ?

● **Télégraphier...**

— Est-on obligé d'aller à la poste pour télégraphier ?
— Pour un télégramme envoyé en France, est-ce que vous paierez plus cher si le texte de votre télégramme fait 6 mots ou 10 mots ?

● **Effectuer des envois...**

— Où peut-on acheter des timbres en France ?
— Où trouve-t-on des boîtes à lettres en France ?

C. EXPRESSION

9 ● **Télégramme**

Vous êtes en vacances en France. Vous n'avez pas envie de rentrer. Un ami français vous invite à passer une semaine chez lui. Vous rentrerez donc plus tard dans votre pays. Vous envoyez un télégramme à vos parents (ou amis) :

Remplissez le télégramme.

Services spéciaux demandés : (voir au verso)	Inscrire en **CAPITALES** l'adresse complète (rue, n° bloc, bâtiment, escalier, etc...), le texte et la signature (une lettre par case ; **laisser une case blanche entre les mots**)
	Nom et adresse ||||||||||||||||||||||||||||||
||||||||||||||||||||||||||||||||||||||||||	
TEXTE et éventuellement signature très lisible ||||||||||||||||||||||||	

Pour accélérer la remise des télégrammes indiquer le cas échéant, le numéro de téléphone (1) ou de télex du destinataire
TF _____ TLX _____

Pour avis en cas de non remise, indiquer le nom et l'adresse de l'expéditeur (2) :
_____

728678 Y - Cy. Paris - 7/80

10 ● **« Banzaï »**

Coluche est le héros du film « Banzaï ».
Faites des phrases commençant par
« il va » **et imaginez :**
— où il va aller,
— ce qui va lui arriver.

CLAUDE BERRI présente

COLUCHE

BANZAÏ

UN FILM DE
CLAUDE ZIDI

D. JEUX

● Rébus

11

*(Les solutions sont des mots ou des phrases extraits du dialogue.
Vous pouvez vous aider d'un dictionnaire.)*

● Mots en désordre

12

OIRURECR - ATCNCEID - IRHE - LGVESAR - LVUCILAEC

● L'horloge à mots

13

*Formez au moins 12 mots contenant « OU »
et une ou deux lettres du cadran.*

Ex. : C + OU + P = coup.

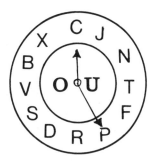

● Mots croisés

14

Remplissez la grille en trouvant 8 verbes contenant la syllabe « OU ».

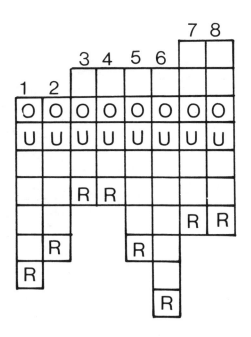

● Humour

— Qu'est-ce que tu fais là ?
— J'écris une lettre à Béatrice.
— Mais, tu ne sais pas écrire !
— Ça ne fait rien, elle ne sait pas lire !

E. TEXTES

Télégramme

MOI JAMAIS CONTENT RESTER MÊME CHOSE
MOI TOUJOURS PARTIR NOUVEAU
FUIR ENNUI DU TOUJOURS MÊME
TOUJOURS ESPÉRER TROUVER FENÊTRE
AU BOUT TUNNEL APRÈS SUIE ET OMBRE
TOUJOURS VOULOIR BRISER ENTRAVES[1]
OUVRIR PORTE SAUTER MONTER
LÀ-HAUT-LÀ OÙ NOIR-NOIR
S'ÉCARTE OÙ BRILLE AURORE[2]
TOUJOURS FRAICHEUR TOUJOURS
INCONNU RECONNU.

> *(De nulle part. A zéro.*
> *Signé : Personne.)*

Jean TARDIEU, *Comme ceci, comme cela* (Gallimard)

1. chaînes, contraintes
2. lueur rose qui précède le lever du soleil

A IMITER.
Sur le modèle du télégramme
de Jean Tardieu, inventez un télégramme
sur le thème « Moi toujours content ».

● Yves Montand : « Le télégramme »

T = une téléphoniste. P = Paul.

T : Télégraphe téléphone S 351, j'écoute.
P : Mademoiselle, je voudrais passer un télégramme, s'il vous plaît.
T : Pour la France ?
P : Oui, pour la France.
T : Quel numéro êtes-vous ?
P : Odéon 27.45.
T : ...45. Adressé à... ?
P : Mademoiselle Colette Mercier.
T : Colette MERCIER, Marcel Eugène Raoul Célestin Irma Eugène Raoul ?
P : Oui.
T : Adresse ?
P : 23, square Lamartine. Besançon.
T : Département ?
P : Le Doubs, je crois.
T : Besançon. Doubs.
P : Eh oui ! C'est le Doubs.
T : Le texte ?

P : Mon chéri.
T : Comment ?
P : Mon chéri.
T : Mon chéri ou ma chérie ?
P : Non, mon chéri.
T : Ah ! mon chéri. Comme un en-tête de lettre alors ?
P : Oui, si vous voulez. Mon chéri.
T : Mon chéri deux fois ?
P : Non, une fois, Mademoiselle.
T : Ensuite ?
P : J'entends le vent, je t'aime.
T : J'entends le vent je t'aime.
P : Euh...
T : Ensuite ?
P : La ville est morte depuis que tu es partie, mais la statue est toujours à la même place et je voudrais...

T : Attendez, attendez, attendez !
   ... depuis que tu es partie mais la... ? la quoi ?
P : La statue.
T : Comme une statue ?
P : Oui, comme une statue.
T : La statue est... toujours à la même place, c'est ça ?
P : Oui, c'est ça, Mademoiselle.
   Eugène Sue me regarde. Je t'aime.
T : Eugène, comme le prénom ?
P : Oui.
T : Ensuite ?
P : Sue.
T : Comment ?
P : Sue. Eugène Sue.
T : Épelez !
P : S comme Suzanne. U comme euh...
T : Comme Ursule.
P : Oui, et et et E comme Eugène.
T : Sue ! ?
P : Oui, Mademoiselle, Eugène Sue, c'est...
T : (Je ne veux pas savoir !) Ensuite ?
P : ... me regarde. Je t'aime.
T : Je t'aime.
P : Je pense à toi.
T : Je pense à toi.
P : Je t'aime, je t'aime, je t'aime.
T : Je t'aime, je t'aime...
   Alors trois fois je t'aime ?
P : Oui. Paul.
T : C'est la signature ?
P : Oui, Mademoiselle.
T : Je vous relis...
P : S'il vous plaît.
T : Odéon 27.45 adressé à Colette Mercier, Marcel Eugène Raoul Célestin Irma Eugène Raoul. 23 square Lamartine Besançon Doubs. Mon chéri j'entends le vent je t'aime la ville est morte depuis que tu es partie mais la statue est toujours à la même place Eugène Sue me regarde je t'aime je pense à toi je t'aime je t'aime je t'aime signé Paul.

À JOUER.

A EXPLIQUER : lorsque la téléphoniste ne comprend pas, comment fait-elle ?

Unité 1, LEÇON 2

A. GRAMMAIRE ET ORTHOGRAPHE

18 • **Aussi - Non plus**

Choisissez la réponse qui convient :

1. — Mireille travaille dans une banque ?   — Oui, et | Florence aussi.
                                                          | Florence non plus.

2. — Ce soir, je n'ai pas envie de sortir, et toi ? | — Moi aussi.
                                                         | — Moi non plus.

3. — Ils préfèrent dîner dehors, et vous ? | — Nous aussi.
                                               | — Nous non plus.

4. — Il ne sait pas où elle habite. | — Lui aussi !
                                        | — Lui non plus !

5. — Tu vas être en retard ! | — Toi aussi !
                                 | — Toi non plus !

19 • **Oui / si**

I. Choisissez la bonne réponse :

1. — Est-ce que vous avez de la monnaie ? | — Oui, j'en ai.
                                              | — Si, j'en ai.

2. — Vous n'êtes pas venu travailler hier ? | — Oui, je suis venu.
                                                | — Si, je suis venu.

3. — Est-ce que vous vous tutoyez ? | — Oui, nous nous tutoyons.
                                        | — Si, nous nous tutoyons.

4. — On ne s'est pas déjà rencontrés ? | — Oui, on s'est rencontrés la semaine dernière.
                                           | — Si, on s'est rencontrés la semaine dernière.

20 *II. Répondez négativement aux mêmes questions.*

8

● Les contraires

21

I. Répondez aux questions suivantes avec une phrase négative :

Vous connaissez la femme de D. ?
— Non, je ne la connais pas.
1. — Quelqu'un t'a vu sortir ? — Non, ...
2. — Tu as encore faim ? — Non, ...
3. — Vous avez dit quelque chose ? — Non, ...
4. — Est-ce que tu veux encore du café ? — Non, ...
5. — Tout le monde parle de lui ? — Non, ...
6. — Vous avez toujours de l'argent sur vous ? — Non, ...

II. Transformez les phrases du dialogue suivant en phrases affirmatives :

22

— Tu n'as pas pensé à l'anniversaire de Patrick ?
— Non, je n'y ai pas pensé !
— Alors, tu ne lui as rien acheté ?
— Non, je ne lui fais jamais de cadeaux : lui non plus, il ne pense jamais à mon anniversaire.
— Il n'a pas de chance avec les femmes, moi non plus, je n'ai pas pensé à son anniversaire !

● En et y

Complétez le dialogue ci-dessous avec les pronoms qui conviennent :

23

— Tu es allé à l'Opéra louer des places ?
— Oui, j' .... viens. J' .... suis resté de 7 h à 11 h ! J'ai pris 3 places.
— Tu as pris une place pour Jean-Pierre ?
— Oui, bien sûr, je lui .... ai pris une, pourquoi ?
— Il m'a téléphoné, sa sœur aussi veut .... aller !
— Ah non, trop tard ! Je n' .... retourne pas !

● L'impératif

I. Répondez aux questions en formant une phrase avec le verbe proposé à l'impératif :

24

ex. — Votre ami s'en va et vous voulez partir avec lui.
Que lui dites-vous ? (attendre) ... . Attends-moi !

1. — On vous a donné des bonbons. Votre enfant en veut (ne pas prendre).
2. — Une de vos amies part en voyage. Vous voulez de ses nouvelles (écrire).
3. — Quelqu'un, à la poste, vous demande un renseignement.
   Vous l'envoyez au guichet 3 (demander).
4. — Votre ami conduit trop vite (faire attention).
5. — Votre fils a peur de sauter (ne pas avoir peur, sauter).

II. Pourquoi tu pleures?

Mets ton manteau! Où sont tes bottes? Va chercher tes bottes! Si tu ne trouves pas tes bottes, tu auras une baffe*! Et on restera à la maison! Tu veux qu'on reste à la maison? Tu sais, moi, je n'ai aucune envie de sortir, surtout par ce temps. Et j'ai plein de choses à faire à la maison, plein.

* (fam.) gifle

Non, bien sûr, tu ne veux pas rester à la maison... Alors, va chercher tes bottes! Bon, ça y est? Tu es prêt? Je vais mettre mon manteau et on part. N'ouvre pas la porte! Tu vois bien que je ne suis pas prête, non?

Vassílis Axelakis, *Le Monde*, 11-12 avril 1976

a) Relevez tous les ordres (donnés à l'impératif).
b) Retrouvez ce que la mère dit à son fils au jardin public, en mettant les verbes à l'impératif.

Dans le jardin public:

Aller jouer - Ne pas aller trop loin - Rendre le ballon au petit garçon - Ne pas prendre le ballon du petit garçon - S'amuser avec son ballon - Ne pas mettre de sable dans la bouche - Venir tout de suite - Dire au revoir à la dame - Ne pas oublier son ballon - Venir, donner la main - Se dépêcher - Marcher plus vite.

● Ponctuation

— Il n'est pas 2 heures. Le bureau de renseignements n'est pas encore ouvert.
— Mais, regarde: Il y a un panneau... Départ des trains... Briançon: 18 h 56. Arrivée: 22 h 58.
— Plus de train avant 6 h du soir! Et je viens de rater le train de 13 h 56! C'est mon jour de chance.
— Qu'est-ce que tu vas faire?
— Je vais faire du stop.

Le point: termine une phrase affirmative ou négative.
Le point d'interrogation: termine une phrase interrogative.
La virgule: sépare les éléments de même nature, place un élément à l'écart, marque une pause courte.
Le point d'exclamation: se met après une phrase exclamative; marque une réaction de celui qui parle.
Les points de suspension: marquent une interruption volontaire ou non, une hésitation.

Mettre la ponctuation qui convient:

Qu'est-ce que tu as fait hier soir
Hier soir   J'ai rencontré un de tes amis   Pierre   je crois   On est allés chez des copains à lui   On a beaucoup dansé   beaucoup bu   Au retour   Jacques a voulu conduire   Est-ce que tu est déjà monté en voiture avec lui   Il roule   comme un fou   Je n'ai jamais eu aussi peur de ma vie

B. COMPRÉHENSION ET ANALYSE ─────────

● Votre vélo dans le train

Précisez si les affirmations suivantes sont vraies ou fausses :

1. — Cette publicité s'adresse :
   aux gens qui aiment faire du
   aux gens qui n'aiment pas prendre le train.
2. — Votre vélo voyage avec vous.
3. — Vous prenez un billet pour vous et votre vélo.
4. — La possibilité train + vélo existe tous les jours.
5. — Pour un trajet de plus de 200 km, vous devez payer pour votre vélo.

27

> **VOTRE VELO EN MEME TEMPS QUE VOUS DANS LE TRAIN**
>
> **● En bagage à main, gratuitement.**
>
> Tous les jours, dans environ 2.000 trains de petit parcours (jusqu'à 200 km de trajet), vous pouvez emporter votre vélo comme un bagage à main. Vous assurez vous-même le chargement dans le fourgon à bagages, la surveillance et le déchargement de votre vélo. Dans certains trains, un fourgon signalé par une affichette lui est spécialement réservé.
>
> Pour savoir quels sont ces trains : les services d'accueil et de vente sont à votre disposition ; par ailleurs, ils sont repérés dans les indicateurs horaires de la SNCF par un renvoi spécifique (39 ou 40) en tête de colonne horaire.

● Carte jeune

28

VOUS VOYAGEZ L'ÉTÉ : PRENEZ LA CARTE JEUNE

Les avantages :
● 50 % de réduction sur tout le réseau grandes lignes de la SNCF, en 1re comme en 2e classe, même sur des trajets simples.
● 1 couchette gratuite.
● 50 % de réduction sur une traversée Dieppe-Newhaven (aller et retour).
● Réduction sur la plupart des services de tourisme SNCF.

Il suffit de commencer chaque trajet en période bleue du calendrier voyageurs, du 1er juin au 30 septembre 1983.
La carte Jeune (110 F au 1/5/1983) est délivrée immédiatement dans toutes les gares et agences de

voyages. Se munir d'une pièce d'identité et d'une photo.

Relevez tous les nombres/chiffres cités dans cette publicité et dites à quoi ils correspondent (date, prix, etc.).

C. EXPRESSION

29 ● **La carte jeune**

Un de vos amis veut voyager l'été. Vous lui écrivez pour lui conseiller la carte jeune. Faites la lettre en expliquant :

Les avantages : On a droit à...
Les conditions : Il faut...

30 ● **Veinard !**

« — Qu'est-ce que tu vas faire à la Réunion ? »
— Je vais ....
— Tu as de la chance, moi je vais .... »   *Imaginez le dialogue.*

**Restez en France,
partez
à La Réunion !**

Vous rêvez de cocotiers, de plages de sable fin, de toutes les merveilles de l'Océan Indien... à l'île de La Réunion, il y a mille et une façons de les découvrir : depuis la plongée dans une mer bleue à 25°, jusqu'aux excursions dans une montagne à la végétation luxuriante en passant par les paysages lunaires d'un des plus beaux volcans du monde. La Réunion c'est l'évasion... sans les devises. Pensez-y pour vos vacances!

**L'île de La Réunion :
la France de
l'Océan Indien.**

31 ● **Humour**

— Je sors 5 minutes.
— Où vas-tu ?
— Je vais faire une course.
— Essaie de la gagner !

D. JEUX

● Rébus

 ette

● Quelle orthographe !

Ces phrases ont été écrites par quelqu'un qui ne savait vraiment pas l'orthographe ! Récrivez-les correctement.

1 — je nai pas an corps des jeu nez

2 — jeu vie un deux rat thé monte Rhin

● Mots cassés

En assemblant les lettres de plusieurs cases, vous pouvez trouver 7 verbes commençant par A et finissant par ER.

AR	RE	VER	NON
HER	POR	AP	LER
TER	PROC	RI	HE
PE	AN	CER	AC

E. TEXTES

SANS AGE

Nous approchons
Dans les forêts
Prenez la rue du matin
Montez les marches de la brume
Nous approchons
La terre en a le cœur crispé

Encore un jour à mettre au monde.

Paul ÉLUARD.

A RÉCITER. Lisez ce poème d'Eluard et essayez de l'apprendre par cœur. Connaissez-vous Eluard ? Avez-vous déjà lu un de ses poèmes ? Sinon, consultez une histoire de la littérature française.

Le bonheur est dans le pré. Cours-y vite, cours-y vite.
Le bonheur est dans le pré. Cours-y vite. Il va filer.
Si tu veux le rattraper, cours-y vite, cours-y vite. Si tu
veux le rattraper, cours-y vite. Il va filer.

Dans l'ache et le serpolet, cours-y vite, cours-y vite,
dans l'ache et le serpolet, cours-y vite. Il va filer.

Sur les cornes du bélier, cours-y vite, cours-y vite, sur
les cornes du bélier, cours-y vite. Il va filer.

Sur le flot du sourcelet, cours-y vite, cours-y vite, sur
le flot du sourcelet, cours-y vite. Il va filer.

De pommier en cerisier, cours-y vite, cours-y vite, de
pommier en cerisier, cours-y vite. Il va filer.

Saute par-dessus la haie, cours-y vite, cours-y vite.
Saute par-dessus la haie, cours-y vite ! il a filé !

Paul FORT (1872-1960)

in « Les plus beaux poèmes pour les enfants »
Jean ORIZET, Le Cherche-Midi éd.

A EXPLIQUER :

Filer : partir vite (familier).
L'ache et le serpolet : herbes de la campagne.
Sourcelet : petite source.

— *Cherchez les mots suivants dans votre dictionnaire :*

(un) pré - (une) corne - (un) bélier
(un) flot - (une) source - (un) cerisier - (une) haie.

— *Où se trouve le bonheur ?*
Pourquoi faut-il « y courir vite » ?
Comment se termine ce poème ?

A IMITER :
Sur le modèle de « Le bonheur », essayez d'inventer un petit poème sur « la chance ».
Vous pouvez commencer, par exemple, par « la chance est dans la rue... » *et finir par* « ... elle
n'y est plus ! »

Unité 1, LEÇON 3

A. GRAMMAIRE ET ORTHOGRAPHE

- **Pronoms relatifs : qui - que.**

I. Transformez les phrases suivantes en 1 seule phrase comportant une proposition principale et une proposition subordonnée relative introduite par :

1 - le pronom relatif sujet « qui »
2 - le pronom relatif complément « que »

Il a acheté des livres. Ces livres sont très intéressants.

qui → Il a acheté des livres qui sont très intéressants.

que → Les livres qu'il a achetés sont très intéressants.

1 — Nous avons pris une route de montagne. Cette route est très dangereuse.
2 — Ce matin, j'ai reçu une lettre. Cette lettre me donne de bonnes nouvelles de mes parents.
3 — Ils ont invité des amis. Ces amis sont très sympathiques.
4 — Elle dirige une agence immobilière. Cette agence est très importante.
5 — Tu lui as donné une robe. Cette robe lui plaît beaucoup.

II. Complétez avec les pronoms relatifs « qui » ou « que » :

1 — Ce matin, j'ai rencontré Paul .... m'a encore demandé de l'argent !
2 — Les amis .... tu as rencontrés chez moi ont eu un accident.
3 — Son fils, ... est ingénieur, vient de se marier.
4 — J'ai rencontré une personne .... a bien connu votre père.
5 — On m'a parlé du livre .... ce journaliste a écrit mais .... je n'ai pas encore lu.
6 — Sa grand-mère, ... je connais bien, et .... a 95 ans, est en bonne santé.
7 — Le médecin .... tu m'as indiqué et .... je suis allé voir m'a conseillé d'aller à la montagne.
8 — La lettre .... il t'a envoyée et .... tu trouves très belle, ce n'est pas lui .... l'a écrite !

III. Sur le modèle donné, faites des phrases pour parler d'un commerçant désagréable, d'une personne antipathique, d'une leçon difficile, d'une personne méchante, d'une histoire triste :

Près de chez moi, il y a un commerçant qui ne sourit jamais et que je n'aime pas beaucoup : il est vraiment désagréable.

- **Formes verbales équivoques :**

Répondez aux questions :

1. — C'est Sophie qui a gagné le concours ?
   — Non, c'est moi qui...

2. — C'est vous qui m'avez appelé ?
   — Oui, c'est moi qui...

3. — Est-ce qu'ils iront la chercher ?
   — Non, c'est nous qui...

4. — C'est moi qui suis le premier ?
   — Oui, c'est toi qui...

● **Ponctuation**

Rétablissez la ponctuation (les points et les virgules) et les majuscules, dans le texte suivant :

gilles florence et mireille sont arrivés à l'hôpital de briançon gilles a demandé à la réception le numéro de la chambre de monsieur et madame chauvet dans la chambre de son père située au deuxième étage il a retrouvé son père et sa mère son père lui a raconté l'accident

● **Le futur**

Récrivez ce texte en conjuguant les verbes au futur :

Robert et Marcel entrent avec moi dans la banque. Toi Roger, tu nous attends dans la voiture. Tu t'arrêtes devant le numéro 18, à 50 mètres de la banque (la voiture doit être prête à démarrer à 9 h 04). Robert et Marcel entrent dans la banque à 9 h. Robert va au guichet 4, près de la caisse, pour demander un renseignement. A 9 h 04, j'entre dans la banque avec Marcel qui reste près de la porte ; je demande l'argent au caissier. Robert vient m'aider à mettre l'argent dans les sacs ; on sort de la banque, Roger met le moteur en marche et on saute dans la voiture.
A 9 h 10, on est riches !

B. COMPRÉHENSION ET ANALYSE

● **La poste**

I. A votre avis :

— « faire un nœud à son mouchoir » c'est pour...

...oublier quelque chose ?
...penser à quelque chose ?

— « une affichette » c'est une...

...grande affiche ?
...petite affiche ?

Qui paraît heureux sur cette affiche et pourquoi ?

*II. Définissez cette campagne publicitaire
en rappelant :*

— qui l'organise.
— pourquoi elle est organisée.
— où et quand elle est organisée.

*III. Préférez-vous écrire ou téléphoner / recevoir
un coup de téléphone ou une lettre ?
Dites pourquoi en quelques lignes.*

Dans tous les bureaux de poste, sur les véhicules de la Poste et chez les marchands de cartes postales, vous trouverez durant tout l'été une affiche ou une affichette intitulée « Ecrire, c'est faire des heureux » qui vous évitera de faire un nœud à votre mouchoir.

● **Attention, départ**

Essayez de retrouver l'ordre logique du texte.

Quotidien de Paris, 1/4/83

⑤ **PACQUES**
Attention,
départs...

Les automobilistes devront redoubler de prudence et de patience pendant ce week-end pascal, qui coïncide cette année avec le début des congés scolaires de la province, de la Belgique et des Pays-Bas.

① Si vous devez absolument partir vendredi, mieux vaut prendre la route tôt le matin ou le soir après 20 heures, car les risques de bouchons seront particulièrement importants aux sorties de Paris, sur les grands axes de dégagement, sur la RN 20 au sud d'Orléans et la RN 23 entre le Mans et Angers.

③ N'oubliez pas enfin de respecter les limitations de vitesse (90 km/h sur route et 130 km/h sur autoroute), de ralentir en cas de pluie ou de mauvaise visibilité (80 km/h maximum sur route et 110 km/h sur les autoroutes), de maintenir une distance suffisante entre vous et le véhicule qui vous précède (40 à 50 mètres), de vous arrêter régulièrement pour éviter la fatigue et de ne pas consommer de boissons alcoolisées avant de prendre le volant.

⑥ Samedi 2 avril, le ministère des Transports conseille, aux automobilistes d'attendre l'après-midi pour se rendre à la neige. Ceux qui rentrent des sports d'hiver auront, quant à eux, intérêt à quitter leur station samedi matin.

② L'autoroute du Nord et l'axe Metz-Lyon risquent d'être particulièrement chargés, et la circulation d'autant plus difficile que la météorologie nationale prévoit un temps pluvieux et froid sur l'ensemble du pays, sauf la Côte d'Azur.

④ Lundi 4 avril, mieux vaut boucler la valise plus tôt et s'arranger pour rentrer chez vous avant 15 heures dans les grandes villes. Sur la route du retour, les bouchons seront particulièrement nombreux entre 15 h et 22 h.

⑦ En 1982, on a dénombré 1 608 accidents de la circulation durant le week-end pascal, accidents qui ont fait 117 tués et 732 blessés graves.

C. EXPRESSION

● **Week-end de Pâques**

Récrivez les informations données dans l'article en faisant des phrases complètes.

ex. : les banques seront fermées...

Week-end de Pâques OUVERT-FERME

● **Banques :** fermées du vendredi 1er avril à partir de midi (certaines à 11 h 30). Réouverture mardi matin.
● **Grands magasins :** ouverts aux heures habituelles, le samedi 2 avril, mais fermés lundi 4 toute la journée.

● **Musées nationaux parisiens :** dimanche, tous fermés, à l'exception des Arts et Traditions populaires (ouverts partiellement), monuments français, Palais de Tokyo, Delacroix, J.-J. Henner, galeries nationales du Grand Palais.

● **Lundi :** tous fermés excepté Arts et Traditions populaires
● **PTT :** pas de distribution de courrier lundi de Pâques.

46 ● **Accident**

UN CHAT DANS UN VIRAGE: UN MORT - UN BLESSÉ.

Date et heure : 10 septembre 83, 14 h 30.
Lieu : Sortie de Montfavet, RN 7.
Véhicule : Renault 9
Conducteur : M. S. Pascal - 25 ans - Ingénieur.

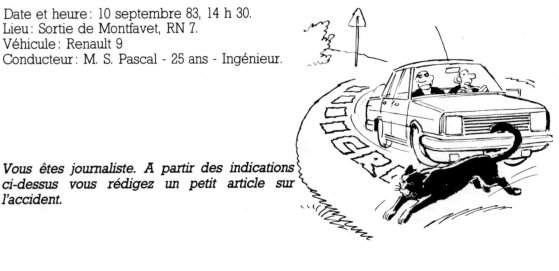

Vous êtes journaliste. A partir des indications ci-dessus vous rédigez un petit article sur l'accident.

47 ## D. JEUX ———————————————————————

● **Rébus**

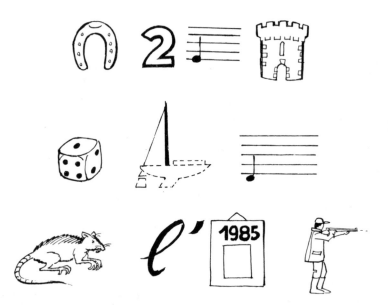

48 ● **Phrases mêlées**

Voici deux phrases complètement mélangées. Remettez de l'ordre :

Pourquoi - voir ! - plaisir - fait - nous - bien - venu - ça - de - tôt ? - te - pas - n'es - tu

18

Quand les hommes vivront d'amour

Cette chanson du poète québécois Raymond Lévesque a notamment été interprétée par Gilles Vigneault, Robert Charlebois et Félix Leclerc.

A EXPLIQUER

Que signifie l'expression « les beaux jours » ?
Que signifie le dernier vers de la chanson ?
Qu'apporte-t-il au sens général de la chanson ?

Paroles et musique de Raymond Lévesque
Éditions S.E.M.I.

Quand les hommes vivront d'amour
Il n'y aura plus de misère
Et commenceront les beaux jours
Mais nous, nous serons morts mon frère.

Quand les hommes vivront d'amour
Ce sera la paix sur la terre
Les soldats seront troubadours
Mais nous, nous serons morts mon frère.

A VILLEQUIER

50

Demain, dès l'aube, à l'heure où blanchit la campagne,
Je partirai. Vois-tu, je sais que tu m'attends.
J'irai par la forêt, j'irai par la montagne.
Je ne puis demeurer loin de toi plus longtemps.

Je marcherai, les yeux fixés sur mes pensées,
Sans rien voir au-dehors, sans entendre aucun bruit,
Seul, inconnu, le dos courbé, les mains croisées,
Triste, et le jour pour moi sera comme la nuit.

Je ne regarderai ni l'or du soir qui tombe,
Ni les voiles au loin descendant vers Harfleur,
Et, quand j'arriverai, je mettrai sur ta tombe
Un bouquet de houx vert et de bruyère en fleur.

Victor Hugo

A RÉCITER
Ce poème est un des plus célèbres de Victor Hugo.
Mais savez-vous dans quelles circonstances il a été écrit ?

DIMANCHE

La voici ! Un splendide costume tailleur, en velours souris, la moule, l'« épouse » du col aux pieds... Et on a jeté là-dessus, par quatre degrés sous zéro, une étole de zibeline, un coûteux chiffon de fourrure inutile — et on meurt de froid et on a le nez mauve...
— Claquée ?
— Claquée complètement...
— On se couche tard, hein ?
— Hélas !
— Levez-vous tard... Tirez le verrou et dites qu'on vous fiche la paix...
— Facile à dire... soupire-t-elle dans un bâillement nerveux. Vous pouvez vous payer ça, vous... Nous autres, on ne nous le permet pas...
Mon amie se repose, les bras tombés...
— On n'entend rien, chuchote-t-elle avec précaution.
Je lui réponds des yeux, sans parler, amollie de chaleur et de paresse :
on est bien.

Colette (1873-1954)
Les Vrilles de la vigne.

A EXPLIQUER

I. Que représente « on » dans le texte ?

II. Expliquez à l'aide d'un dictionnaire :

— un splendide costume... « l'épouse »
— un coûteux chiffon de fourrure inutile
— claquée
— dites qu'on vous fiche la paix.

Unité 1, LEÇON 4

A. GRAMMAIRE ET ORTHOGRAPHE

• Les comparatifs

Choisissez le terme convenant au sens de la phrase :

1. — Être riche et en bonne santé c'est
| mieux
| meilleur que d'être pauvre et malade.
| pire

2. — J'ai l'habitude, je pourrai
| mieux
| meilleur me débrouiller que lui.
| pire

3. — Ton café est bon, mais il sera
| mieux
| meilleur avec du sucre.
| pire

4. — Ce n'est pas une femme agréable, mais son mari est encore
| mieux
| meilleur qu'elle.
| pire

5. — Il casse tout, il est
| mieux
| meilleur que son frère !
| pire

6. — Apprendre le piano c'est difficile, mais apprendre le violon c'est encore
| mieux
| meilleur !
| pire

7. — Demain, du soleil sur toute la France ; le temps sera
| mieux
| meilleur qu'aujourd'hui.
| pire

8. — Catherine est très forte en mathématiques, mais je suis
| mieux
| meilleur qu'elle en français !
| pire

• Aussi... que / autant... que.

Choisissez l'adverbe convenable :

1. — Jean-Pierre travaille $\frac{aussi}{autant}$ que son père.

2. — Je suis $\frac{aussi}{autant}$ fatigué que toi.

3. — Il s'occupe $\frac{aussi}{autant}$ de ses enfants que sa femme.

4. — Il a fait $\frac{aussi}{autant}$ de progrès que sa femme.

5. — Je veux parler $\frac{aussi}{autant}$ bien français qu'un Français.

● **Verbes opérateurs.**

Complétez avec les verbes qui conviennent :

(pouvoir - savoir - vouloir - devoir)

1. — Maman, est-ce que je .... regarder la T.V. ?
   — Non, avant tu .... terminer tes devoirs.
   — Mais je ne .... pas les faire, viens m'aider !

2. — Tu me .... 2 000 F !
   — Je ...., mais je ne .... pas te les donner ce mois-ci : je n'ai plus d'argent !

3. — Je n'ai pas l'adresse d'Élisabeth Vernet. Est-ce que tu .... me la donner ?
   — Non, je ne .... pas non plus où elle habite, mais je .... te donner son numéro de téléphone.

4. — Et alors, à la fin, ils se...
   — Tais-toi ! Je ne .... pas .... comment ça se termine !

● **Infinitif - participe passé**

Complétez les phrases avec le verbe entre parenthèses en faisant la transformation si nécessaire. (Attention ! Dans certains cas plusieurs réponses sont possibles) :

(arriver)

On est .... ensemble.
Elle est .... à midi et demie.
Je pense .... demain soir.
On va .... à Paris.

(sortir)

Pauline a .... sa voiture.
Elles sont .... vers onze heures.
Vous pouvez ...., s'il vous plaît ?

(descendre)

Elle est .... de la montagne à cheval !
On a .... le mont Blanc à skis.
Tu peux .... tout seul.

B. COMPREHENSION ET ANALYSE

● **Serre-Chevalier**

I. Relevez tous les termes qui appartiennent au vocabulaire de la montagne.

II. Quel adjectif évoque la couleur ?
Quels adjectifs évoquent :
— la beauté ?
— la quantité ?

Blottie dans la large vallée verdoyante de la Guisane, jouissant d'un climat et d'un ensoleillement remarquables, la station de SERRE-CHEVALIER offre des séjours d'été toniques, et l'avantage de nombreuses activités.
C'est le point de départ des grandes courses en montagne des Massifs de Cerces et de l'Oisans, vers les majestueux sommets, les Ecrins, la Meije, le Pelvoux, le Rateau. Cinq écoles d'escalades, trente-deux guides de haute montagne ouvrent à tous l'accès des cimes. D'innombrables promenades par sentiers balisés, vers les pics ou les cols, les chalets ou les lacs, sont possibles au départ de la station ou des gares du téléphérique.

● **Voitures à essence et voitures Diesel**

— *Quelle est la plus chère ? Celle qui consomme le plus ? Celle qui consomme le moins ?*
— *Comparez les coûts d'entretien et d'amortissement.*
— *Comparez la nervosité, la vitesse, la solidité.*

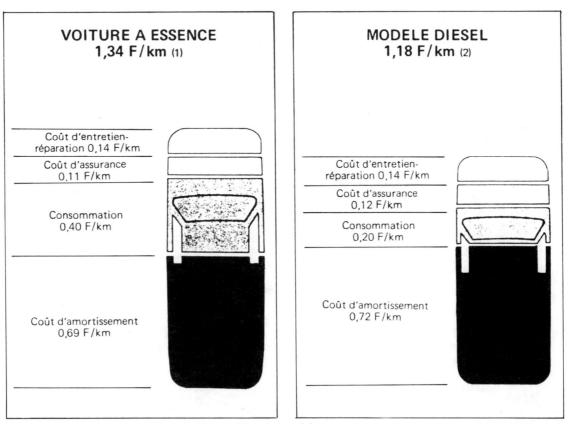

VOITURE A ESSENCE 1,34 F/km (1)	MODELE DIESEL 1,18 F/km (2)
Coût d'entretien-réparation 0,14 F/km	Coût d'entretien-réparation 0,14 F/km
Coût d'assurance 0,11 F/km	Coût d'assurance 0,12 F/km
Consommation 0,40 F/km	Consommation 0,20 F/km
Coût d'amortissement 0,69 F/km	Coût d'amortissement 0,72 F/km

(1) pour un kilométrage annuel de 15 à 20 000 kms.   (2) pour un kilométrage annuel de 20 à 25 000 kms.

Les voitures Diesel sont plus solides, consomment moins, polluent moins et fonctionnent au gazole, carburant moins cher que l'essence. Voilà pour les avantages et ils sont de taille. Mais il faut savoir aussi qu'elles sont plus chères à l'achat (+ 10 à 20 %) et que le prix plus bas du gazole repose sur une disposition fiscale qui peut très bien changer. Le gazole a d'ailleurs fortement augmenté ces dernières années. Les moteurs Diesel traditionnels tournent moins vite que les moteurs à essence, d'où une nervosité et une vitesse de pointe plus faibles. C'est d'ailleurs ce qui leur permet de parcourir un kilométrage important.

58 ● **Météo**

Placez les symboles convenables sur les régions citées dans le bulletin météo.

Météo

Mercredi, le beau temps assez ensoleillé persistera du pourtour méditerranéen au sud des Alpes et à la Corse.

Ailleurs, les nuages seront nombreux et des pluies se produiront sur l'est ainsi que, en soirée, de la Bretagne à la Normandie. Les vents de sud-ouest se renforceront près des côtes de la Manche.

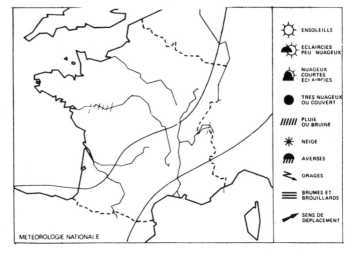

ENSOLEILLE

ECLAIRCIES PEU NUAGEUX

NUAGEUX COURTES ECLAIRCIES

TRES NUAGEUX OU COUVERT

PLUIE OU BRUINE

NEIGE

AVERSES

ORAGES

BRUMES ET BROUILLARDS

SENS DE DEPLACEMENT

METEOROLOGIE NATIONALE

C. EXPRESSION

59 ● **Voitures**

En comparant avec la voiture Diesel, présentez la voiture à essence : « les voitures à essence sont moins solides ».

60 ● **Météo**

Quel temps fera-t-il demain ?

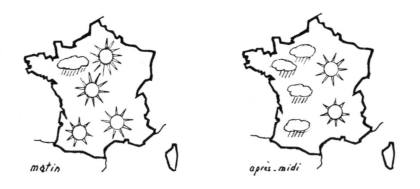

matin   après-midi

Faites un bulletin météo sur le modèle ci-dessus.

61 ● **Devinette**

Quels sont les animaux qui peuvent sauter plus haut que le mont Blanc ?

24

D. JEUX

● **Les 7 différences**

62

En comparant ces 2 dessins, trouvez 7 éléments différents :

● **Rébus**

63

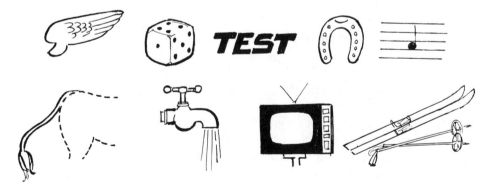

● **Humour**

64

— Tiens, dit une grand-mère à sa petite fille, tu es épicière et je t'achète 5 F de beurre, 6 F de sucre, 3 F 50 de sel, combien te dois-je ?

La petite fille réfléchit et dit :
— Euh... Oh, ce n'est pas la peine, tu me paieras un autre jour !

● **Mots croisés : les adverbes**

Remplissez la grille

et trouvez l'adverbe caché

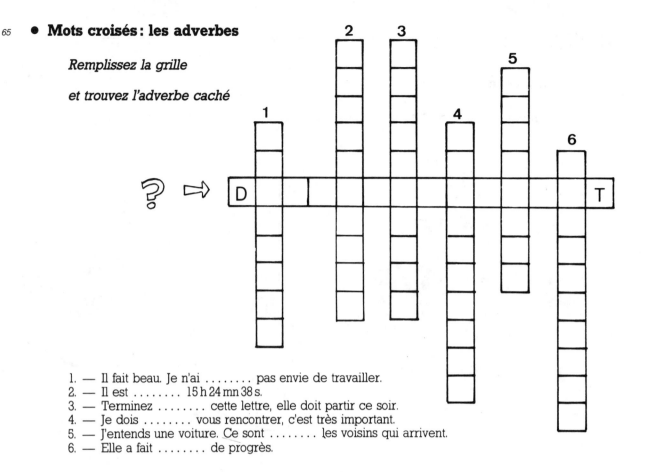

1. — Il fait beau. Je n'ai . . . . pas envie de travailler.
2. — Il est . . . . 15 h 24 mn 38 s.
3. — Terminez . . . . cette lettre, elle doit partir ce soir.
4. — Je dois . . . . vous rencontrer, c'est très important.
5. — J'entends une voiture. Ce sont . . . . les voisins qui arrivent.
6. — Elle a fait . . . . de progrès.

E. TEXTES

Poème breveté

**Aux gens
des climats incertains ou
fantasques
aux étourdis
qui oublient que le temps est variable
aux optimistes
qui ignorent la giboulée et le brouillard
aux météorologues ignares
je conseille uniment
le parapluie muni d'un pare-soleil
ou la crème à bronzer
imperméable**

> Jacques MEUNIER (1941—)
> *in « les plus beaux poèmes pour les enfants »*
> Jean ORIZET, Le Cherche Midi éd.

A IMITER

Donnez quelques conseils « aux étourdis » qui oublient que... la terre est ronde, qu'il fait noir la nuit, etc.

Heureux qui,
comme Ulysse...

En 1553, le poète Joachim du Bellay partit pour Rome avec son cousin, le cardinal Jean du Bellay, en mission auprès du Pape. Son séjour dura quatre ans, et, très vite, le poète éprouva la nostalgie de son pays natal...

Heureux qui[1], comme Ulysse[2], a fait un beau voyage,
Ou comme cestui-là[3] qui conquit la toison[4],
Et puis est retourné, plein d'usage[5] et raison,
Vivre entre ses parents[6] le reste de son âge[7] !

Quand reverrai-je, hélas ! de mon petit village
Fumer la cheminée, et en quelle saison
Reverrai-je le clos[8] de ma pauvre maison,
Qui m'est une province[9], et beaucoup davantage?

Plus me plaît le séjour[10] qu'ont bâti mes aïeux
Que des palais romains le front audacieux[11];
Plus que le marbre dur me plaît l'ardoise[12] fine,

Plus mon[13] Loire gaulois que le Tibre[14] latin,
Plus mon petit Liré[15] que le mont Palatin,
Et plus que l'air marin la douceur angevine[16].

Du BELLAY, *Les Regrets*

1. celui qui

2. héros grec qui, revenant de la guerre de Troie, accomplit un périple de dix ans (raconté dans l'Odyssée) avant de retrouver sa patrie

3. celui-là (forme ancienne)

4. il s'agit du héros grec légendaire Jason, qui partit conquérir la Toison d'or dans le Caucase et la rapporta dans son pays

5. expérience

6. dans sa famille

7. sa vie

8. l'enclos, le jardin

9. un royaume

10. la demeure, le domaine

11. la fière façade

12. les maisons de l'Anjou sont couvertes d'ardoise

13. le nom du fleuve est ici masculin

14. fleuve qui baigne Rome

15. village natal de du Bellay

16. propre à l'Anjou (région d'Angers)

À EXPLIQUER

I. Résumez le 1ᵉʳ quatrain ... en complétant le texte suivant:

Comme Ulysse, on est heureux quand on a fait... et qu'après, on est...

... et le 2ᵉ quatrain en notant tout ce que voudrait revoir le poète.

II. Dans les 2 derniers tercets, Joachim du Bellay fait 5 comparaisons entre Rome et son pays natal. Classez-les.

Unité 1, LEÇON 5

A. GRAMMAIRE ET ORTHOGRAPHE

68
• Les superlatifs

Complétez les phrases suivantes à l'aide de superlatifs :

Le mont Blanc (4 807 m) est la plus haute montagne de France.

1. — L'Université de la Karaouiyne à Fès (Maroc) date de 859. C'est l'université . . . .
   . . . . du monde.
2. — L'hôtel Rossya à Moscou qui a 3 200 chambres et peut accueillir 6 000 clients est
   . . . . du monde.
3. — La piste de ski de Weissfluhjoch - Küblis (12 230 km) est . . . . du
   monde.
4. — On a retrouvé à Hôting, en Suède, un ski qui date de 2500 avant Jésus-Christ. C'est le
   ski . . . . du monde.
5. — Le télésiège . . . . est en Australie (5 600 km). Il faut de 45 à 75 minutes
   pour arriver au sommet.
6. — « Anticonstitutionnellement » est le mot . . . . de la langue
   française.

69
• Pronoms possessifs.

Complétez :

1. — Alors, vos enfants vont partir ?
   — Oui, ce matin. Et . . . . ?
   — . . . . sont partis hier, et mon mari part demain en province.
   — Vous avez de la chance, ... ne part jamais en voyage !

2. — Qu'est-ce que tu préfères, on prend ma voiture ou . . . . ?
   — Prenons . . . ., elle est plus grande.
   — Mais hier, on a déjà pris ta voiture, prenons plutôt . . . . aujourd'hui.
   — D'accord, prenons . . . . !

3. — Vos enfants sont très gentils, plus gentils que les enfants du voisin.
   — . . . . sont plus petits...
   — Peut-être, mais ils ne disent jamais bonjour !

70
• « Ou » et « Où »

Choisissez :

— Tu préfères le vélo à la moto ?
— Le vélo ! Là . . . . j'habite tout le monde a un vélo.
— Moi je préfère la moto . . . . la mobylette. C'est plus rapide. On peut aller . . . .
  on veut sans se fatiguer.
— C'est peut-être plus rapide, mais c'est moins bon pour la santé. La santé . . . . la
  vitesse, il faut choisir.

● Nombres ordinaux

Présentez le classement des succès du mois en écrivant tous les chiffres en lettres comme dans l'exemple :

Le premier c'est « **Mémoires** » de Raymond Aron. Il est présent au classement depuis onze semaines. La semaine dernière, il occupait déjà le premier rang.

			*	* *
1 Mémoires	Raymond Aron	Julliard	11	1
2 Affaires africaines	Pierre Péan	Fayard	4	2
3 Le grand frère	Hélène Carrère d'Encausse	Flammarion	3	4
4 François Ier	André Castelot	Perrin	6	8
5 Les prétendants	Alain Duhamel	Gallimard	10	5
6 La grande guerre	Pierre Miquel	Fayard	1	—
7 Lettre ouverte au président de la République	Michel Poniatowski	Albin Michel	7	3

(*) *Nombre de semaines de présence au classement*   (* *) *Classement la semaine précédente*

B. COMPRÉHENSION ET ANALYSE ─────────────────

● Après le festival de Cannes 83

72

Déjà sortis...

L'ETE MEURTRIER de **Jacques Becker**, sorti la semaine dernière, réalise au huitième jour d'exploitation 20 606 entrées dans 36 salles.

CARBONE 14, LE FILM, réalisé par la joyeuse équipe-radio, parvient, dans une seule salle, à rameuter quelques 339 spectateurs en une semaine.

L'ARGENT de **Robert Bresson**, sorti mercredi 18 mai totalise en une journée et dans 11 salles, 3 101 entrées, ce qui devrait conduire à un honnête score.

LE MUR de **Güney** semble, lui, avoir bénéficié d'une trop grosse sortie (25 salles) et obtient des résultats peu proportionnés aux espoirs de son distributeur : 4 902 entrées le premier jour d'exploitation.

LA VALSE DES PANTINS (KING OF COMEDY) de **Martin Scorsese** enfin, ne fait pas de miracle non plus, eu égard à son casting (De Niro-Lewis) : 4 257 entrées dans 18 salles seulement, le jour de sa sortie.

LA LUNE DANS LE CANIVEAU de **Jean-Jacques Beineix**, souffre d'un départ moyen compte tenu de sa promotion. Le nombre de salles est plutôt modeste : 24 salles à Paris (contre 36 pour *l'Eté meurtrier*). Le film a tout de même attiré 10 083 spectateurs le premier jour, réalisant ainsi le plus gros score des sorties de la semaine.

L'HISTOIRE DE PIERA de **Marco Ferreri** est bien parti. Avant même qu'Hanna Schygulla soit primée, le film réalisait au soir du premier jour de sa sortie 5 532 entrées, sur 20 salles.

Libération, 20 mai 83

a) *Que signifie « entrées » et « sortie » pour un film ?*
b) *Quel est le film qui a déjà le plus de succès ?*
c) *Quel est le film qui a obtenu le plus de succès le premier jour de sa sortie ?*
d) *Quel est le film qui a le moins de succès ?*

73

● La « vie d'artiste »

*1) Ecrivez en lettres tous les chiffres donnés
   dans cet article.*

*2) Connaissez-vous les artistes cités dans ce
   texte ?*

*3) Dans le domaine de la musique, quels sont
   les artistes les mieux payés ? A votre avis,
   pourquoi ?*

Des virtuoses comme Isaac Stern, ou des chefs d'orchestre comme Léonard Bernstein, Herbert von Karajan et Georg Solti demandent entre 120 000 et 240 000 francs par concert. Le revenu annuel du danseur Noureïev est estimé à 750 millions de francs, mais ce sont les vedettes du rock qui restent le mieux payées : Paul McCartney a touché 48 millions de dollars (360 millions de francs) en 1980, et chacun des Pink Floyd a reçu 22 millions de dollars.

V.S.D. 22 juin 83

74

● 203, 117

Résumez ce petit texte en répondant aux questions : Qui ? Quoi ? Comment ? Où ? Quand ?

● 203,117...

...km/h. C'est le dernier record du monde de vitesse à ski. La performance a été réalisée au printemps 82 à Silverton (U.S.A.) par l'Autrichien Franz Weber. Le record féminin est détenu par Martin Kuntz (179,068 km/h).

75

● Amazonie

Reconstituez l'ordre logique du texte.

A) Elle abrite la moitié des oiseaux et la plus grande quantité de papillons ;

B) Long de 6 437 Km, l'Amazonie, le "rio-mar", bat le Nil en débit.

C) 4.000 espèces variées rien que dans sa partie péruvienne !

D) Il est si abondant qu'il contient davantage de poissons que tout autre fleuve du globe.

E) La Forêt amazonienne cache le plus grand nombre de plantes et d'animaux de la planète

F) En revanche, 2 pour 100 seulement de sa superficie sont cultivés.

● **Avoriaz**

I. Trouvez 5 raisons d'avoir envie d'aller à Avoriaz en commençant vos phrases par:
« C'est une station où... ».

II. Ecrivez un petit paragraphe pour conseiller à quelqu'un d'aller à Avoriaz.

L'une des toutes premières stations intégrées dont l'architecture unique dessine ses immeubles en formes de rochers recouverts de pin ou de cèdre.

Le ski se pratique de la France à la Suisse dans le fabuleux domaine des Portes du Soleil dont Avoriaz est la plaque tournante et qui relie 12 stations. Un seul forfait pour 180 remontées mécaniques et 650 km de pistes.

Avoriaz, c'est aussi la seule station française entièrement sans voiture où les traîneaux transportent les vacanciers ; c'est aussi le village des enfants d'Annie Famose et Isabelle Mir qui accueillent les 3 à 12 ans pour se familiariser avec le ski pendant que papa et maman jouissent en toute tranquillité de leur sport favori.

Avoriaz, c'est encore le festival du film fantastique dont la notoriété a largement débordé nos frontières. Avec ses deux cinémas dont les programmes changent tous les jours, ses trois discothèques, sa vingtaine de restaurants, ses deux piscines, Avoriaz est vraiment la station où l'on vient pour s'amuser et faire du ski, du très beau ski.

V.S.D. 22 juin 83

● **Les Français à la plage (sondage)**

77

A votre avis, d'une façon générale, à quoi les hommes passent-ils le plus de temps sur une plage ?

	Réponses des hommes	Réponses des femmes	H et F ensemble
A regarder les filles .	49 %	51 %	**50 %**
A bronzer	20 %	15 %	**17 %**
A nager	17 %	14 %	**15 %**
Au plaisir d'être regardés	3 %	7 %	**5 %**
Ne se pron. pas	11 %	13 %	**13 %**

A votre avis, d'une façon générale, à quoi les femmes passent-elles le plus de temps sur une plage ?

	Réponses des hommes	Réponses des femmes	H et F ensemble
A bronzer	59 %	63 %	**61 %**
Au plaisir d'être regardées	20 %	16 %	**17 %**
A regarder les hommes	14 %	5 %	**9 %**
A nager	2 %	5 %	**4 %**
Ne se pron. pas ...	9 %	11 %	**9 %**

Sondage *IFRES/V.S.D.*

Préparez un sondage identique sur les Français aux sports d'hiver.

Rédigez les questions et imaginez les réponses.

● **Devinettes**

78

Une autruche peut peser 135 kg.
Combien peut peser l'oiseau le plus petit du monde ?

D. JEUX

⁷⁹ ● **Charades**

A — Mon premier est une partie du corps
Mon second est un pronom personnel
Mon 3ᵉ est un aliment.
On peut boire et manger dans mon tout.

B — Mon premier n'est pas habillé
Mon deuxième est maman
Il y a beaucoup de mon troisième dans la mer
Mon tout est utile quand vous téléphonez.

Inventez des charades à partir des mots suivants :
— emporter — télégramme — aimer — laisser — quitter.

⁸⁰ ● **Rébus**

⁸¹ ● **Mots en boucle**

Complétez les grilles avec des mots qui commencent et se terminent par la même lettre.

E	T	E
I		I
N		N
T		T
S		S

E	L	L	E
S			S
S			S
S			S
T			T

T			T
S			S
S			

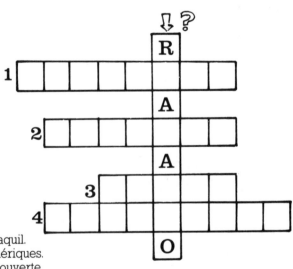

⁸² ● **Mots croisés (la ville mystère)**

Trouvez le nom de cette ville

1. Elle est située en E . . . . près de Guayaquil.
2. Cette ville est la plus . . . . ville des Amériques.
C'est un Américain, Donald Lathrap qui l'a découverte.
3. Elle existait déjà cinq . . . . ans avant Jésus-Christ.
4. Elle avait plus de 3 000 . . . .

32

COUCHERS DE SOLEIL

Tout le monde parle des couchers de soleil
Tous les voyageurs sont d'accord pour parler des couchers de soleil dans ces parages
Il y a plein de bouquins où l'on ne décrit que les couchers de soleil
Les couchers de soleil des tropiques
Oui c'est vrai c'est splendide
Mais je préfère de beaucoup les levers de soleil
L'aube
Je n'en rate pas une
Je suis toujours sur le pont
A poils
Et je suis toujours seul à les admirer
Mais je ne vais pas les décrire les aubes
Je vais les garder pour moi seul

Blaise CENDRARS
(« *Poètes d'Aujourd'hui* »), Ed. Pierre SEGHERS.

MINI-LEXIQUE
« *dans ces parages* » : dans cet endroit
« *bouquin* » : mot familier pour « livre »

A EXPLIQUER

« *L'aube (une aube)* » *c'est :*

— le lever du soleil ?
— le coucher du soleil ?

« *Je suis toujours sur le pont* » :

— le pont au-dessus du fleuve ?
— le pont d'un bateau ?

« *Etre à poils* » *(familier) c'est :*

— être habillé ?
— ne pas être habillé ?

« *Admirer* » *c'est :*

— regarder quelque chose ou quelqu'un qui est beau ?
— regarder quelque chose ou quelqu'un qui est laid ?

« *Je ne vais pas les décrire* » :

Quand vous dites : il est beau, il a les yeux bleus,
il est gentil et intelligent, etc... vous
— écrivez ?
— décrivez ?

Où se lève le soleil ? Où se couche-t-il ?

— à l'ouest ?
— à l'est ?

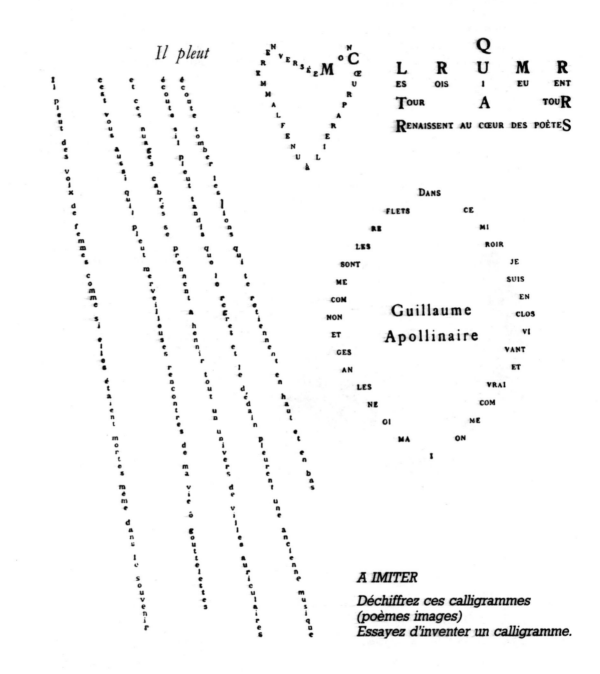

Il pleut

Il pleut des voix de femmes comme si elles étaient mortes même dans le souvenir

c'est vous aussi qu'il pleut merveilleuses rencontres de ma vie ô gouttelettes

et ces nuages cabrés se prennent à hennir tout un univers de villes auriculaires

écoute s'il pleut tandis que le regret et le dédain pleurent une ancienne musique

écoute tomber les liens qui te retiennent en haut et en bas

CŒUR
COURONNE
ET MIROIR

COUR
RENVERSÉE
MON COEUR
SEMBLABLE A UNE FLAMME RENVERSÉE

LES ROIS QUI MEURENT TOUR A TOUR
RENAISSENT AU CŒUR DES POÈTES

DANS CE MIROIR JE SUIS ENCLOS VIVANT ET VRAI COMME ON IMAGINE LES ANGES ET NON COMME SONT LES REFLETS

Guillaume Apollinaire

À IMITER

Déchiffrez ces calligrammes
(poèmes images)
Essayez d'inventer un calligramme.

34

Unité 2, LEÇON 1

A. GRAMMAIRE ET ORTHOGRAPHE

• Les complétives

85

I. Indiquez la nature de « que » (pronom relatif ou conjonction) dans les 2 phrases suivantes :

1. — Soyez sûr que le voyage que vous allez faire et que je vous ai conseillé, vous fera beaucoup de bien.

2. — J'espère que vous avez reçu la lettre que je vous ai envoyée et que vous me répondrez très vite.

II. Dans ces 5 phrases il y a 2 subordonnées relatives et 3 complétives. Lesquelles ?

86

1. — Je crois qu'on ne peut pas compter sur lui.
2. — Elle pense que tout le monde doit lui demander son avis.
3. — Le livre que vous lui avez conseillé de lire est très difficile.
4. — Il me dit qu'il ne sait rien !
5. — L'avion que tu as pris est un Boeing 707.

III. Remplacez la subordonnée complétive en italique par un groupe nominal, sans changer le sens de la phrase.

87

Je suis sûr *qu'il partira l'année prochaine !*
Je suis sûr de son départ l'année prochaine.

1. — Martine espère *que ses parents arriveront la semaine prochaine.*
   Martine espère ...

2. — On souhaite *que les relations entre ces deux pays se développeront.*
   On souhaite le...

3. — Tout le monde croit *qu'une nouvelle usine va s'installer dans la région.*
   Tout le monde croit à...

IV. Remplacez la subordonnée complétive par un infinitif sans changer le sens de la phrase.
(Attention ! L'une de ces phrases ne peut pas être transformée. Laquelle ? Pourquoi ?).

88

J'espère que je saurai faire cet exercice. → J'espère savoir faire cet exercice.

1. — Je pense que je serai chez moi ce soir.
2. — J'espère qu'il arrivera à l'heure.
3. — Je crois que j'ai encore trop parlé !
4. — J'espère que je peux compter sur toi !
5. — Nous sommes sûrs que nous partirons demain.
6. — Elle pense qu'elle viendra nous voir demain.

35

V. Transformez les phrases sur le modèle suivant :

Je crois qu'il est intelligent. → Je le crois intelligent.

1. — Je trouve que je suis beau.
2. — Nous trouvons qu'ils sont très sympathiques.
3. — Je crois qu'il est trop jeune pour comprendre ce film.
4. — Nous savons qu'elle est très malade.
5. — Il espère qu'il nous verra quand il sera à Paris.

● Les abréviations communes

I - Écrivez en toutes lettres ce que signifie ces abréviations :

— *M.* Berthot habite 32 *Boul.* Ornano. *Mlle* Bellon habite au 58 *av.* des Ternes avec *Mmes* Legros et Nansac.

— *MM.* Paulhan et Rivière ne sont pas encore arrivés, mais *M. et Mme* Dubois sont là.

— Ne fumez pas *S.V.P.*

— A la fin d'une page, vous pouvez lire : *T.S.V.P.*

II - A l'aide des définitions suivantes, complétez les phrases proposées avec les sigles qui vous semblent correspondre aux définitions.

Président-directeur général - Procès-verbal - Taxe sur la valeur ajoutée - Salaire minimum interprofessionnel de croissance - Communauté économique européenne - Habitation à loyer modéré - Agence nationale pour l'emploi - Régie autonome des transports parisiens - Société nationale des chemins de fer français.

(H.L.M. - C.E.E. - P.-V. - S.M.I.C. - T.V.A. - P.-D.G. - R.A.T.P. - S.N.C.F. - A.N.P.E.)

1. — Il cherche du travail, je lui ai conseillé d'aller d'abord à l' . . . .
2. — Toutes les . . . . de la banlieue nord de Paris sont des bâtiments très tristes.
3. — Vous êtes étranger, vous pouvez acheter tout ce que vous voulez sans payer la . . . .
4. — Elle a la chance d'avoir une vie très agréable : son père est . . . . d'une grosse société.
5. — J'ai laissé ma voiture sur le trottoir et bien sûr, j'ai eu un . . . . !
6. — Ils gagnent très peu d'argent, ils sont au . . . .
7. — La . . . . s'occupe de l'ensemble des autobus et des métros parisiens.
8. — Vous voulez partir en train mais vous ne savez pas lequel prendre : vous téléphonez au service des renseignements de la . . . .
9. — La Chine ne fait pas partie de la . . . .

III. Récrivez cette annonce « en clair », en remplaçant les abréviations par les mots complets :

LOCATION
Propose

2P Part. loue appart. 2P, cuis., SDB, calme, 1er et. 13è arr. près Parc Montsouris. Meublé jusqu'à oct. : 2500F/mois. Vide à partir d'oct.

2000F. Mensuel + charges (env. 300F). Tél. (26) 40 24 48 demander M. BRAITBERG ou écrire BRAITBERG 97 rue de Strasbourg 51100 Reims

B. COMPRÉHENSION ET ANALYSE

● **Voyage présidentiel.**

Répondez aux questions (en utilisant si nécessaire, « d'abord, ensuite, enfin », etc.)

— Où va aller le président François Mitterrand?
— Quels pays va-t-il visiter?
— Quels pays a-t-il déjà visités?

Situez tous ces pays sur une carte d'Afrique.

François Mitterrand s'envolera jeudi pour le Togo, première étape de son troisième voyage présidentiel en Afrique noire. Une fois encore, après le Niger, la Côte-d'Ivoire et le Sénégal, en mai 1982, le Burundi, le Ruanda, le Zaïre et le Congo, en octobre, ce sont des États francophones que visitera le président de la République. Après le Togo — le plus petit État francophone du continent —, François Mitterrand se rendra au Bénin et au Gabon.

VSD
9 juin 83

● **Éditeurs et auteurs**

Editeurs et auteurs

☐ **Jean Lescure** a été ami avec le philosophe Gaston Bachelard. Il raconte ses rencontres avec celui-ci dans *Un été avec Bachelard* (Luneau Ascot, 80 F)

☐ **Tennessee Williams** : la collection de poche 10/18 publie trois volumes de romans et nouvelles de l'auteur de *La Chatte sur un toit brûlant*, disparu voici quelques semaines : *La Quête du chevalier, Une femme nommée Moïse* et *Sucre d'orge*.

☐ **La Dame de Shangaï**, le film d'Orson Welles avec Rita Hayworth, est adapté d'un roman policier de Sherwood King dont la traduction française est rééditée par Christian Bourgois (50 F).

☐ **José Corti**, l'éditeur de Julien Gracq, d'André Breton et de bien d'autres surréalistes, vient d'écrire ses Mémoires : *Souvenirs désordonnés.* Il les publie, naturellement, dans sa propre maison.

Complétez le tableau

Titres	Auteurs	Éditeurs
1. *Un été avec Bachelard*		
2.	*Tennessee Williams*	
3. *La dame de Shangaï*		
4.	*José Corti*	

95 ● **Apostrophes**

Bernard Pivot présente chaque semaine une émission de télévision très célèbre en France, « Apostrophes », au sujet des livres qui paraissent.

BERNARD PIVOT

J. ANDANSON/SYGMA

Le choix du plus grand sélectionneur de France.

Depuis huit ans, on déguste « Apostrophes » comme un menu de choix. Avec la même imperturbable bonne humeur, il a su faire lire des gens qui ne lisaient pas en faisant parler des gens qui parlaient peu... Son jugement fait trembler les éditeurs, rêver les auteurs et s'aigrir les confrères car lui seul fait qu'un livre n'est pas tout à fait baptisé s'il n'a pas eu son « Apostrophes ». Lui qui, chaque semaine, fait quelques heureux et beaucoup de malheureux, a hésité avant d'accepter de faire son choix sur l'année. Il est double, chaleureux et net, comme à son habitude. En une phrase, tout est dit sur François Villon, **de Jean Favier (Fayard)** : « Le génie du poète et le talent de l'historien forment une heureuse alliance pour raconter le Paris du XVᵉ siècle » **et sur** la Guerre de la fin du monde, **de Mario Vargas Llosa (Gallimard)** : « Le fanatisme au Brésil à la fin du XIXᵉ siècle. Un western idéologique à grand spectacle. Captivant de bout en bout. »

Figaro Madame 2 juillet 83.

Montrez l'importance de cette émission :
— pour les téléspectateurs,
— pour les écrivains, les auteurs,
— pour les éditeurs.

Utilisez les tournures

« L'émission *Apostrophes* fait... (+ verbe) »
« Bernard Pivot fait... (+ nom) »

96 ● **Avant de partir**

Avant son départ pour l'Afrique, Monsieur Besson a préparé une note pour expliquer ses projets, ses intentions, le but de son voyage. Essayez de rédiger cette note en employant les expressions :

« j'espère que ..., j'ai l'intention de ..., j'ai décidé de ..., je crois que ..., je pourrais ..., je voudrais ..., d'abord / après / ensuite / enfin... »

D. JEUX

● Rébus

● Mots cassés

*En assemblant les lettres de plusieurs cases, vous devez trouver 10 mots se terminant par
—TION:*

É	DI	IN	RÉ	NA
LLA	STA	TION	REC	OR
DES	GA	TI	AC	TEN
VI	NI	TA	SA	QUES

● Mots en vrac

    — R A U E U T
    — S C E A O I S
    — S I D N O E I T

● Humour

Un homme pauvre va chez un homme riche.
— Voilà, dit l'homme pauvre, je peux vous
faire gagner 25 millions.
— Vous? Vous êtes amusant!
— Oui, je vous assure!
— Alors, et comment?
— Vous avez décidé de donner 50 millions
à votre fille quand elle se mariera?
— Oui, absolument.
— Bon, eh bien, moi, votre fille...

Essayez de terminer l'histoire!

JAMAIS A L'HEURE

Jean *(venant de la droite)* : Vous voilà tout de même, Béranger.

Béranger *(venant de la gauche)* : Bonjour, Jean.

Jean : Toujours en retard, évidemment! *(il regarde sa montre-bracelet)*. Nous avions rendez-vous à onze heures trente. Il est bientôt midi.

Béranger : Excusez-moi. Vous m'attendez depuis longtemps ?

Jean : Non. J'arrive, vous voyez bien.

(ils vont s'asseoir à une des tables de la terrasse du café)

Béranger : Alors, je me sens moins coupable, puisque... vous même...

Jean : Moi, ce n'est pas pareil, je n'aime pas attendre, je n'ai pas de temps à perdre. Comme vous ne venez jamais à l'heure, je viens exprès en retard.

IONESCO, Rhinocéros, Acte 1
© Ed. Gallimard

101   *A EXPLIQUER:*

┌─ **MINI-LEXIQUE** ─────────────
Se sentir coupable: penser qu'on a fait une faute ou qu'on est responsable.
Exprès: volontairement.
└──────────────────────────

Répondez aux questions:

— Où et quand Béranger et Jean avaient-ils rendez-vous?
— Jean attend Béranger depuis combien de temps?
— Pourquoi Jean est-il toujours en retard?

Comment ça va ?

Comment ça va sur la terre ?
— ça va, ça va, ça va bien

Les petits chiens sont-ils prospères ?
— Mon Dieu oui, merci bien

Et les nuages ?
— Ça flotte

Et les volcans ?
— Ça mijote

Et les fleuves ?
— Ça s'écoule

Et le temps ?
— Ça se déroule

Et votre âme ?
— Elle est malade

Le printemps était trop vert
Elle a mangé trop de salade

Jean TARDIEU
Monsieur, Madame — Gallimard

A IMITER :   102

Sur le même principe, inventez un poème commençant par « Comment ça va dans la ville ? »

L'avion

L'avion, au fond du ciel clair,
Se promène dans les étoiles,
Tout comme les barques à voile
Vont sur la mer.

Les oiseaux ont peur de ses ailes,
Mais les enfants le trouvent beau,
Ce grand cerf-volant sans ficelles
Qui va si haut.

Lucie
DELARUE-MARDRUS
1880-1945
Poèmes mignons (Gedalge, édit.)

A RÉCITER   103

Unité 2, LEÇON 2

A. GRAMMAIRE ET ORTHOGRAPHE

104 • **L'imparfait**

1. Mettez le verbe de la subordonnée à l'imparfait :

1. — Elle m'a dit qu'elle *espérait* vous voir bientôt (espérer).
2. — L'hôtesse vient de dire que nous .... (survoler) les Alpes.
3. — J'étais sûr que vous le ....(connaître).
4. — Vous vivez en Afrique depuis 5 ans, je pensais que vous .... (supporter) la chaleur.
5. — N'allons pas chez lui, il m'a prévenu qu'il n'........ (être) jamais là le dimanche.

105 *II. Complétez en conjuguant les verbes suivants à l'imparfait :*

supporter - travailler - s'occuper - faire - aider - partir - rentrer.

— Alors, elle vit toujours avec Jean-Jacques ?
— Non, elle ne .... plus la vie avec lui. Elle ....et elle .... aussi du ménage, des repas, de la vaisselle... Lui, il ne .... jamais rien, il ne l'........ jamais. Il .... le matin et il .... le soir pour mettre les pieds sous la table.

106 *III. Récrivez le texte en mettant les verbes à l'imparfait.*
UN PEU D'HISTOIRE : LES MÉDECINS DANS L'ANTIQUITÉ.

Pour soigner les maladies graves, on demande l'aide des dieux, Apollon ou Salus. Pour guérir les maladies les plus courantes, on suit les recettes traditionnelles ou l'expérience. Le vieux Romain Caton soigne sa famille avec du chou.
Les esclaves exercent souvent la médecine et ils sont alors attachés au service des grandes familles. Les médecins libres, eux, reçoivent les malades chez eux mais ils ont aussi leurs cabinets médicaux en ville. Ce sont à la fois des cabinets, des cliniques et des laboratoires où ils préparent les médicaments faits surtout avec des plantes : il n'y a pas de pharmaciens.

107 • **Depuis / Pendant**

Complétez les phrases en utilisant depuis *ou* pendant :

— Tu as des nouvelles de Jean-Charles ? Je ne l'ai pas vu .... très longtemps.
— Il était en Irlande.
— Qu'est-ce qu'il y faisait ?
— Tu sais qu'il travaillait à un livre ....plusieurs années. Eh bien, il l'a terminé là-bas.
— Et le livre est sorti ?
— Oui, ... une semaine. Je l'ai lu, il est très bon. Ça se vendra bien .... l'été.

42

● **Souvent / Jamais...**

I. Choisissez l'adverbe qui convient :

1. — Il lui écrit une fois par an   = il (ne) lui téléphone...   presque jamais
   mais il lui téléphone tous les jours   lui écrit   quelquefois
                                                                          souvent

2. — Dans les rues de Paris,   souvent
   des éléphants, vous (n') en rencontrerez...   jamais
   mais des chevaux vous en verrez...   quelquefois

3. — En un an, vous avez écrit quatre lettres, vous (n') écrivez...   jamais
                                                                         quelquefois
                                                                         presque jamais

4. — La semaine dernière, vous avez vu quatre films,   souvent
   vous (n') allez...   quelquefois au cinéma
                                                          jamais

II. Répondez à ce questionnaire et mesurez votre sociabilité :

1. — Vous voyez vos amis

   A souvent
   B de temps en temps
   C jamais

2. — Vous partez en week-end

   A souvent
   B de temps en temps
   C jamais

3. — Vous allez au cinéma

   A souvent
   B de temps en temps
   C jamais

4. — Vous allez danser

   A souvent
   B de temps en temps
   C jamais

5. — Vous téléphonez à des amis

   A souvent
   B de temps en temps
   C jamais

6. — Vous allez au restaurant

   A souvent
   B de temps en temps
   C jamais

7. — Vous allez voir des expositions
   ou écouter de la musique

   A souvent
   B de temps en temps
   C jamais

Calculez votre score :

> *A = 2 points   **B** = 1 point   **C** = 0 point*
> — **Plus de 12 points :** Vous êtes très sociable. Vous sortez beaucoup, mais quand trouvez-vous le temps de travailler ?
> — **Entre 8 et 12 points :** C'est bien, vous avez un bon équilibre.
> — **Entre 4 et 8 points :** Attention, faites un effort ou vous serez vieux avant l'âge.
> — **Moins de 4 points :** Vous êtes un « ours » !

● **Infinitif, participe passé, imparfait (terminaisons)**

Complétez en choisissant la forme qui convient :

(aller - allé - allais) :

Avant, j'........ souvent en vacances à Royan.
L'année dernière, je n'y suis malheureusement pas ....
Mais l'année prochaine je veux absolument y ....

(été - était - étaient) :

Où `........-elle hier soir ?
J'ai .... chez elle mais je ne l'ai pas trouvée.
Elle .... allée au cinéma avec des amis qui .... de passage à Paris.

(travailler - travaillais - travaillé) :

Hier quand je ...., je me disais : j'ai bien .... mais il faut .... encore.

B. COMPRÉHENSION ET ANALYSE ——————————

● **La déprime**

1 47 % des Français ignorent la déprime

Vous arrive-t-il de vous sentir triste sans raison particulière ?

Très souvent........................	4	} 14
Assez souvent........................	10	
Quelquefois........................	27	} 38
Assez rarement........................	11	
Très rarement........................	12	} 47
Presque jamais ou jamais..........	35	
Sans réponse........................	1	
	100 %	

Nouvel Observateur,
janvier 1983

■ Qui aurait pu l'imaginer ? On se promène dans la rue, on fréquente les lieux publics et on ne rencontre que des chevaliers à la triste figure ; on achète son pain ou son tabac et on n'a affaire qu'à des commerçants maussades ; on écoute autour de soi et on n'entend parler que d'époux irascibles, de parents soucieux, d'enfants grognons et insomniaques. On lit les journaux, on regarde la télé, on écoute la radio et on apprend que les ouvriers sont mécontents, les paysans inquiets, les fonctionnaires frustrés, les professions libérales désenchantées, les chômeurs désespérés, les grosses fortunes scandalisées ; quant aux « jeunes », tout le monde sait qu'ils sont dans la déroute la plus grave. Bref, le spectacle que nous offrent nos semblables est celui d'une collectivité en proie à l'angoisse et se vautrant dans la morosité.

Quelle erreur ! 35 % des Français ne sont jamais ou presque jamais tristes sans raison particulière ; 12 % très rarement ; 11 % assez rarement. Seuls 4 % le sont très souvent et 10 % assez souvent. Et 74 % d'entre eux ne pensent jamais, presque jamais ou très rarement que la vie ne vaut peut-être pas la peine d'être vécue, tandis que 2 % seulement le pensent très souvent et 5 % assez souvent ! Enfin 66 % considèrent qu'ils ne sont pas ou peu enclins à la déprime, et 82 % sont, selon les enquêteurs, à l'abri de tout effondrement.

Répondez aux questions :

— La 1re question de ce sondage est : « Vous arrive-t-il de vous sentir triste sans raison particulière ? ».
Quelle était la seconde question ?
— De quels noms viennent les adjectifs : soucieux, insomniaques, mécontents, inquiets, frustrés, désenchantés, désespérés, scandalisés ?
— Quels adjectifs correspondent aux noms : déroute, angoisse, morosité, déprime ?

Aidez-vous d'un dictionnaire.

112

● Musique/Afrique

Bob Marley et « Sunny » Adé sont deux musiciens noirs très connus en Afrique. Mais, d'après ce texte, pouvez-vous définir leurs différences dans leur conception de la musique, et du lien avec l'Afrique ?

Il y a tout en Afrique

« J'admire beaucoup Bob Marley, avoue « Sunny » Adé. Mais l'essentiel de la philosophie rasta qu'il professait repose sur le retour en Afrique. Je vis en Afrique. Mes textes sont philosophiques et humanitaires, je chante le quotidien, je chante la vie et l'amour. Même si je sais qu'un jour les Noirs et les Blancs devront apprendre à s'écouter et à vivre ensemble. Je ne veux pas mêler ma musique à la politique. Je crois que le moment est venu pour l'Afrique. Il y a beaucoup à apprendre d'elle. Elle est la source du rythme et de la musique.

Le Monde
5 juin 83

C. EXPRESSION

● Haute-Volta

113

Regardez sur une carte de l'Afrique, où se trouve la Haute-Volta.
Quels sont les 6 pays qui la bordent (qui l'entourent) ? A votre avis, pourquoi est-ce un pays pauvre ?

En vous aidant d'un dictionnaire ou d'une encyclopédie essayez de rédiger une courte présentation du Nigeria (construite sur le même modèle).

L'une des nations les plus pauvres d'Afrique

Enclavée dans le Sahel au coeur de l'Afrique de l'Ouest, la Haute Volta est bordée par six pays et ne possède aucun débouché sur la mer. D'une superficie de 274 000 kilomètres carrés, le pays compte 6,5 millions d'habitants. Ne disposant d'aucune ressource importante, la Haulte Volta est l'une des nations les plus pauvres d'Afrique (avec un revenu moyen par habitant de 800 francs et une espérance de vie de 38 ans). L'essentiel de ses revenus provient de soutiens étrangers. L'an dernier, la France lui a versé des aides financières d'un montant de 340 millions de francs. Ancienne colonie française, la Haulte Volta est indépendante depuis août 1960.

Libération, 6 août 83

● **Avant/Après**

Décrivez en employant les tournures:

Avant il était . . . ./il avait . . . . Maintenant il est . . . ./il a . . . .

23 mai 82 : 105 kg   3 mois après : 79 kg

D. JEUX

● **Mots croisés**

Remplissez la grille avec tous les pronoms interrogatifs et démonstratifs que vous connaissez.

● **Mots dominos**

Associez les mots dominos deux par deux pour former d'autres mots.

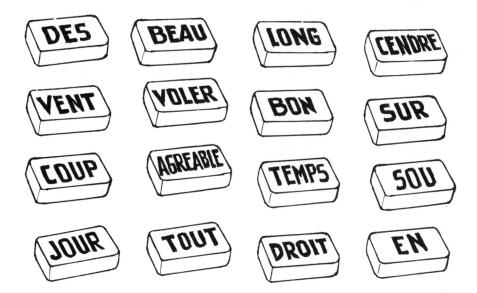

DES · BEAU · LONG · CENDRE
VENT · VOLER · BON · SUR
COUP · AGREABLE · TEMPS · SOU
JOUR · TOUT · DROIT · EN

Le casse-tête du tir à l'arc

Combien faut-il de flèches pour faire un score de cent points sur la cible ?

16
17
23
24
39
40

Le Matin
2/8/83

● **Humour**

— Je voulais te raconter une histoire drôle,
  mais je ne m'en souviens plus !
— Ça parlait de quoi ?
— C'était une histoire de boomerang.
— Alors, ne t'inquiète pas : ça va te revenir.

47

UNE VEILLÉE

Nous avions coutume, le soir venu, de nous réunir autour d'un grand feu de bois allumé sur la cour du village. A l'époque, mon père devait avoir largement ses quatre-vingts ans. Je dis « devais », car, chez nous en Afrique, l'âge des personnes n'a jamais été l'objet de tant d'histoire et de tant de soucis comme dans les sociétés d'Europe : les gens naissent, vivent, meurent sans que personne ne se demande quel âge ils ont au juste. Aujourd'hui, bien sûr, les choses ont changé... Mon père, un splendide vieillard à barbe blanche, aux gestes secs mais éloquents et sûrs, prenait place ou plutôt se faisait étendre sur un fauteuil en rotin. Nous, ses enfants et petits-enfants, nous apportions nos nattes de roseaux ou nos petits lits de bambou que nous disposions autour de lui.

Alors commençait la veillée, la longue et délicieuse veillée autour du feu, à la belle étoile.

BENJAMIN MATIP
A la belle étoile, Présence africaine.

A EXPLIQUER

1. — *De quoi parle le texte ? Répondez en une phrase.*
2. — *Regardez attentivement les verbes et dites quel est le temps le plus employé.*
3. — *Dites pourquoi on emploie ce temps pour ce type de récit (vous trouverez la réponse à cette question dans la grammaire de SF II, chapitre 15, page 162).*
4. — *Structuration du récit :*
   Dans la liste suivante : A ce moment-là, à cette époque-là, maintenant, en ce temps-là, de nos jours, **quels sont les synonymes de :** à l'époque... aujourd'hui... alors... ?

MA BOHÈME
(Fantaisie)

Je m'en allais, les poings dans mes poches crevées ;
Mon paletot aussi devenait idéal ;
J'allais sous le ciel, Muse ! et j'étais ton féal ;
Oh ! là là ! que d'amours splendides j'ai rêvées !

Mon unique culotte avait un large trou.
— Petit Poucet rêveur, j'égrenais dans ma course
Des rimes. Mon auberge était à la Grande-Ourse.
— Mes étoiles au ciel avaient un doux frou-frou.

Et je les écoutais, assis au bord des routes,
Ces bons soirs de septembre où je sentais des gouttes
De rosée à mon front, comme un vin de vigueur ;

Où, rimant au milieu des ombres fantastiques,
Comme des lyres, je tirais les élastiques
De mes souliers blessés, un pied près de mon cœur !

Arthur RIMBAUD
(1854-1891)

À RÉCITER

Toujours et Jamais

Toujours et Jamais étaient toujours ensemble
Ne se quittaient jamais
On les rencontrait
Dans toutes les foires
On les voyait le soir traverser le village
Sur un tandem
Toujours guidait
Jamais pédalait
C'est du moins ce qu'on supposait
Ils avaient tous les deux une jolie casquette
L'une était noire à carreaux blancs
L'autre blanche à carreaux noirs
A cela on aurait pu les reconnaître
Mais ils passaient toujours le soir
Et avec la vitesse...
Certains les soupçonnaient
Non sans raisons peut-être
D'échanger certains soirs leur casquette
Une autre particularité
Aurait dû les distinguer
L'un disait toujours bonjour
L'autre toujours bonsoir
Mais on ne sut jamais
Si c'était Toujours qui disait bonjour
Ou Jamais qui disait bonsoir
Car entre eux ils s'appelaient toujours
Monsieur Albert Monsieur Octave

Paul VINCENSINI
in « *Les plus beaux poèmes*
pour les enfants » - Orizet. Le Cherche-Midi éd.

À IMITER.

Inventez un poème sur le thème « *Hier et Aujour-d'hui étaient toujours en-semble* ».

Unité 2, LEÇON 3

A. GRAMMAIRE ET ORTHOGRAPHE

122 • **Imparfait et passé composé**

I. Complétez les phrases suivantes en conjuguant les verbes proposés à l'imparfait ou au passé composé, selon le sens de la phrase :
1. — Pleuvoir - Prendre
   Quand je suis sorti, il . . . . , alors j' . . . . un taxi.
2. — Pouvoir - Être
   J'ai vu Monique en ville, mais je n' . . . . pas . . . . lui parler : elle . . . .
   avec sa mère.
3. — Venir - S'asseoir - Prendre - Lire.
   Il . . . . tous les jours vers 11 h 30, ... au fond du bar, ... un petit blanc
   et . . . . son journal.
4. — Avoir - Vivre
   En 1920, ma grand-mère . . . . 25 ans et à son avis, on . . . . mieux en ce
   temps-là.
5. — S'arrêter - Tenir
   Il est entré et tout le monde . . . . de parler ; il . . . . un pistolet.

123 *II. Récrivez ces 2 paragraphes au passé.*

1. — Quand je suis en vacances, je lis du matin au soir. De temps en temps, un ami vient me
   voir et nous allons faire une promenade dans la montagne. Quand le temps est
   mauvais, nous restons à la maison à parler de notre vie.
2. — Quand je suis en vacances, je lis du matin au soir. Un jour, un ami vient me voir. Il
   s'assoit, on commence à parler de lui et du livre qu'il écrit. Il sait que je suis éditeur et
   il veut absolument me faire lire son manuscrit. Il parle pendant 3 heures. A la fin, bien
   sûr, il gagne : je lui demande de m'apporter son manuscrit.

124 • **Rapports logiques**

Reliez les deux phrases, comme dans l'exemple :

Nous ne sommes pas sortis. Notre fils était malade.
(Alors) Notre fils . . . ., alors nous ne . . . .
(Parce que) Nous ne . . . . parce que notre fils . . . .

1. — Elle part demain au Mali. Vous ne pourrez pas la rencontrer → (Donc) . . . .
   (Car) . . . .

2. — Il a beaucoup insisté pour me voir. Je lui ai donné rendez-vous → (Alors) . . . .
   (Parce que) . . . .

3. — Nous nous sommes sentis dépaysés. Nous ne connaissions pas du tout ce pays →
   (Alors) . . . .
   (Car) . . . .

4. — Il a beaucoup insisté. J'ai accepté → (Parce que) . . . .
   (Alors) . . . .

5. — Je dois aller voir mon frère demain. Je ne pourrai pas déjeuner avec toi →
   (Car) . . . .
   (Donc) . . . .

50

● Formes verbales

Pour chaque phrase, choisissez la forme verbale qui convient (attention ! dans quelques cas, 2 réponses sont possibles) :

1. — Paul .... à Paris hier après-midi.
2. — Le ciel .... gris. Il .... froid.
3. — Un ami .... gentiment le chercher à l'aéroport et .... à son hôtel.
4. — Ensuite ils .... ensemble dans un bon restaurant.
5. — Quand ils en .... , il ....

1. — arrivait / est arrivé / va arriver.
2. — a) est / a été / était. b) a fait / faisait / fait
3. — a) va venir / venait / est venu. b) l'emmener / l'emmenait / l'a emmené.
4. — sont allés / allaient / sont allées.
5. — a) sont sortis / sortiront / sortaient. b) neiger / neigeait / a neigé.

B. COMPRÉHENSION ET ANALYSE ───────────────

● Cuisine africaine

Parmi tous ces plats, quels sont ceux qui sont composés entièrement avec des produits que l'on trouve facilement en Europe ?
Quels sont ceux où l'on trouve des ingrédients typiquement africains ?

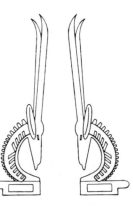

LES PRINCIPAUX PLATS

Ngondo : pâté de pistaches à la viande et aux crevettes.
Soya : brochettes de viande panées d'épices et de piment - crabe farci.
Poulet ou Daurade braisé.
Kondré : ragoût d'agneau et de plantains (mariné au moins six heures comme beaucoup de plats africains).
NDolé : genre d'épinard aux arachides.
Yassa : poulet aux oignons et aux citrons
Maffé : sauce d'arachide.
Accompagnements
Alocos : plantains frits.
Foufou : semoule de manioc avec sauce gombo, haricots rouges, patates douces, ignames.
Miondo : manioc écrasé et cuit dans des feuilles de bananier.

● « Amour fou »

Essayez de remettre cette lettre dans l'ordre

Ton Jérôme qui t'aime comme un fou / P.S. Je serai de retour mardi
Je pense beaucoup à toi / Dimanche j'ai essayé de te téléphoner
Il y avait un vent terrible / Le temps est merveilleux
Je suis très en forme / au bord de la mer
Hier on est allé à la pêche / Julie chérie / Je t'embrasse
J'espère que ce week-end tu as pu « revoir ta Normandie » / Ecris-moi vite !
Je prends une semaine de vacances / mais tu n'étais pas là.

C. EXPRESSION

128 ● **Chez « Mimi Pinson »**

Imaginez une soirée chez « Mimi Pinson » à Paris. Vous écrivez une lettre, comme M. Besson, où vous parlerez du décor, de l'ambiance, de la musique et du prix (vous emploierez le passé composé et l'imparfait).

129 ● **Une carte de Loulou**

Complétez ce billet en choisissant les mots qui vous paraissent convenir dans la liste ci-contre.

> Salut !
>
> (0) ... J'ai (1) ... une carte de Loulou. Il (2) ... à Agadir.
> Il (3) ... faire un (4) ... voyage (5) ... Afrique.
> Il a raison de (6) ... la vie et surtout de la (7) ...
> de son (8) ... . Mais pendant (9) ... (10) ... moi,
> je suis complètement (11) ... . Je n'aurais jamais
> dû lui (12) ... mes économies (13) ... septembre.

(0)	Hier/Demain/Ce matin
(1)	reçu/posté/pris
(2)	est/passe/reste
(3)	voudrait/pense/veut
(4)	grand/gros/super
(5)	dans l'/en/sous l'
(6)	profiter de/prendre/mordre
(7)	connerie/générosité/vitesse
(8)	fric/employeur/entreprise
(9)	ces/ce/cette
(10)	époque/temps-là/moments
(11)	riche/sans le sou/fauchée
(12)	passer/donner/prendre
(13)	dans/en/du

130 # AU BOUT D'UNE SEMAINE, LA PANNE

Au bout d'une semaine de désert, je ne supporte plus le goût des cigarettes, je ne mange presque plus et dors tous les jours de huit heures à six heures du matin... Je me sens toute neuve. C'est au bout d'une semaine aussi que nous sommes tombés en panne. Ça a fait un drôle de bruit (comme un coup de revolver), une drôle de fumée et puis plus rien. Les batteries avaient explosé. Il est midi, l'heure de plein soleil. On est vendredi. La chaleur à l'intérieur de la Toyota est intenable et je me glisse sous la voiture, là où se trouve la seule ombre à la ronde. On a 25 litres d'eau, une cantine de pain d'épice émietté et de crème de gruyère fondue et des heures à attendre. J'essaie de somnoler sous la Toyota... Soudain, le ciel devient noir, on entend un grondement. On se redresse : camion ? « Non, répond Thierry, c'est une tempête de sable ». Vite, on remonte dans la voiture, on se calfeutre, on bouche toutes les aérations.

« Elle » janvier 83
Rallye Paris-Dakar

Récrivez ce récit au passé :

— Vous mettez « Elle » à la place de « Je »
« Ils » à la place de « Nous » ou « On ».

● **Carte postale**

Ecrivez une carte postale en partant des éléments qui vous sont donnés:

St Tropez _ mercredi 6

‿ ‿ ‿ ‿ ‿ ‿ ‿ ‿ .

J'ai essayé de te ‿ ‿ ‿ ‿ .
mais tu ‿ ‿ ‿ ‿ ‿ ‿ ‿ ‿ ‿ ‿ .
Comment vas-tu ? Je suis
arrivé à ‿ ‿ ‿ ‿ depuis ‿ ‿ .
C'est ‿ ‿ ‿ ‿ ‿ ‿ Il fait
un temps ‿ ‿ ‿ ‿ ‿ ‿ ‿ ‿ ‿ .
Je ‿ ‿ ‿ ‿ ‿ ‿ toute la journée.
J'espère que tu ‿ ‿ ‿ ‿ bientôt

Je t' ‿ ‿ ‿ ‿ ‿ ‿ ‿ ‿ .

‿ ‿ ‿ ‿ ‿ ‿ ‿ .

‿ ‿ ‿ ‿ ‿ ‿ ‿ ‿ ‿ ‿ ‿ ‿

‿ ‿ ‿ ‿ ‿ ‿ ‿ ‿ ‿ ‿ ‿ ‿

‿ ‿ ‿ ‿ ‿ ‿ ‿ ‿ ‿ ‿ ‿ ‿

● **Humour**

— Docteur, demande un journaliste à un grand médecin, à quel âge avez-vous réussi votre première opération?
— A 7 ans.
— C'est extraordinaire, et qu'est-ce que c'était, cette opération?
— Une addition!

D. JEUX

133   ● **Mots croisés**

Complétez la grille:

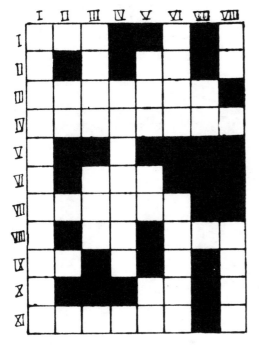

Horizontalement : I — Il m'a dit des .... de choses sur vous. II — Est-ce que vous avez .... le dernier film de Godard ? III — Il parle français, il doit .... se débrouiller au Mali. IV — Si vous voulez la voir, vous devez ...., elle ne veut voir personne. VI — Je me demande où j'ai .... mes lunettes ? VII — Les routes dangereuses sont à .... VIII — Ton agenda est dans .... tiroir de gauche. Il y a 2 .... que je ne l'ai pas vu. IX — Ils passent toujours leurs vacances .... France. X — M. Besson a beaucoup .... projets. XI — Essaie de ne pas .... ta robe avant ce soir.

Verticalement : I — Au restaurant, M. Besson a pris un plat .... africain. II — Elle est très riche, dit .... III — La pièce de 10 F a roulé .... l'armoire. Les Africains mangent beaucoup de .... IV — Il veut .... tous les musées de Paris ! V — Faites enregistrer .... bagages, s.v.p. On .... sent bien chez soi ! .... Il n'a pas eu .... chance ! VI — Les chats voient très bien la .... Dépêche-toi, tu vas .... ton train. VII — C'est une note de musique .... VIII — Est-ce que vous avez .... feu ? Je prends toujours des apéritifs .... alcool.

134   ● **Rébus**

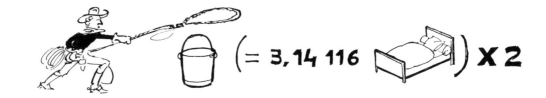

135   ● **L'escalier**

En ajoutant à MI...
1 voyelle
1 voyelle + 1 consonne
1 voyelle + 2 consonnes
2 voyelles + 2 consonnes

Faites des mots de...
3 lettres
4 lettres
5 lettres
6 lettres

M	I		
M	I		
M	I		
M	I		
M		I	
M		I	
M			I
M	I		
M		I	

54

LES SOLEILS DES INDÉPENDANCES

La rue, une des plus passantes du quartier nègre de la capitale, grouillait. A droite, du côté de la mer, les nuages poussaient et rapprochaient horizon et maisons. A gauche, les cimes des gratte-ciel du quartier des Blancs provoquaient d'autres nuages qui s'assemblaient et gonflaient une partie du ciel. Encore un orage! Le pont étirait sa jetée sur une lagune latérale de terres charriées par les pluies de la semaine; et le soleil déjà harcelé par les bouts de nuage de l'Ouest, avait cessé de briller sur le quartier nègre pour se concentrer sur les blancs immeubles de la ville blanche. Damnation! bâtardise! le nègre est damnation! les immeubles, les ponts, les routes de là-bas tous bâtis par des doigts nègres, étaient habités et appartenaient à des Toubabs. Les Indépendances n'y pouvaient rien. Partout, sous tous les soleils, sur tous les sols, les Noirs tiennent les pattes; les Blancs découpent et bouffent la viande et le gras.

Ahmadou KOUROUMA
Les Soleils des Indépendances
Le Seuil.

Ahmadou Kourouma est né à Boundiali (Côte d'Ivoire) en 1927. Il fréquente l'école coranique de Boundiali puis l'école primaire supérieure de Bingerville. Il passe deux années à l'école technique supérieure de Bamako. Enrôlé comme tirailleur il est rapatrié en Côte d'Ivoire; il part ensuite pour l'Indochine. En 1955 il reprend ses études en France et obtient un Certificat de Gestion des Entreprises. Il travaille à Paris, à Alger comme Coopérant; il revient en Côte d'Ivoire en 1971. Il dirige actuellement à Yaoundé un Institut Supérieur interafricain où sont formés les cadres destinés aux Compagnies d'Assurances.

Œuvres :
« Les soleils des indépendances » - roman - Le Seuil - 1970
« Tougnan Tigui » - théâtre - pièce inédite jouée par la troupe de l'Institut National des Arts d'Abidjan en octobre 1972

À EXPLIQUER

Ce texte peut se diviser en 2 parties
a) une description
b) une réflexion personnelle
— A partir de quels mots commence la réflexion personnelle?
— Quel est le temps des verbes dans la partie description puis dans la partie réflexion?
— L'auteur fait une observation qui le fait passer de la description de la ville à la réflexion personnelle. Quelle est cette observation?
Présentez la biographie de Ahmadou Kourouma (utilisez le passé composé):
« Il a fréquenté .... »

LETTRE

Tu m'as dit si tu m'écris
Ne tape pas tout à la machine
Ajoute une ligne de ta main
Un mot un rien oh pas grand'chose
Oui oui oui oui oui oui oui oui

Ma Remington est belle pourtant
Je l'aime beaucoup et travaille bien
Mon écriture est nette et claire
On voit très bien que c'est moi qui l'ai tapée

Il y a des blancs que je suis seul à savoir faire
Vois donc l'œil qu'a ma page
Pourtant pour te faire plaisir j'ajoute à l'encre
Deux trois mots
Et une grosse tache d'encre
Pour que tu ne puisses pas les lire.

Blaise CENDRARS
Extrait de *Au cœur du monde*,
© Denoël

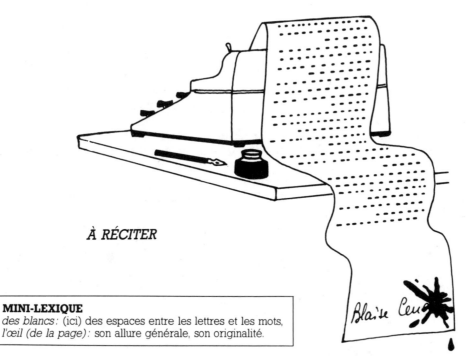

À RÉCITER

MINI-LEXIQUE
des blancs : (ici) des espaces entre les lettres et les mots,
l'œil (de la page) : son allure générale, son originalité.

56

Unité 2, LEÇON 4

A. GRAMMAIRE ET ORTHOGRAPHE

• Les adjectifs et les pronoms indéfinis

I. Complétez avec les adjectifs indéfinis (tout - quelque - chaque):

1. — J'ai encore .... lettres à écrire avant de partir.
2. — Au ministère, à 5 heures, ... le monde s'en va.
3. — .... les amis que j'ai parlent anglais.
4. — .... soir elle regarde sous son lit avant de se coucher.
5. — Il est parti .... jours au bord de la mer.

II. Complétez avec des pronoms indéfinis: tout/tous-quelqu'un/quelques-uns/personne-quelque chose/rien.

1. — J'ai emmené des enfants en Bretagne. .... n'avaient jamais vu la mer. Ils ont .... appris à nager.
2. — Il ne pense qu'à lui quand il mange .... Il prend .... et ne laisse .... aux autres.
3. — .... l'a vu une fois! .... ne lui a jamais parlé! Est-ce qu'il existe vraiment?
4. — Je les ai .... trouvés gentils. .... étaient même très sympathiques.
5. — Je les attendais .... A minuit .... m'a téléphoné : .... ne pouvait venir à cause de la neige!

III. Soulignez d'un trait les adjectifs indéfinis et de deux traits les pronoms indéfinis.

Tout le monde parle de cet animal mais personne ne l'a vu. Les uns disent qu'il vit très haut dans la montagne, les autres croient l'avoir vu près d'une ferme. Chaque jour, on apprend quelque chose de nouveau, d'extraordinaire. Le même animal a tué hier des moutons dans quatre endroits différents et très loin les uns des autres... Enfin, il n'a encore tué personne! Quelques-uns, ici, trouvent cette histoire très drôle, mais tout le monde est du même avis: l'animal fait peur mais il fait aussi venir les touristes.

• Les pronoms démonstratifs composés

I. Complétez les phrases suivantes en utilisant les pronoms démonstratifs composés que vous connaissez: celui de - celui que - celui où, etc.

1. — On m'a envoyé un livre, mais ce n'est pas .... je voulais.
2. — Cette maison, c'est .... je suis né.
3. — Messieurs, ... arriveront en retard ne pourront pas entrer.
4. — Ma sœur, ... est journaliste, va partir en Chine.
5. — Toute les femmes qu'il connaît, ce sont .... je lui ai présentées.

II. *Même exercice :*

— Tu as vu le film de Patrice Chéreau ?
— « L'Homme blessé » ? oui, j'ai vu aussi . . . . Carlos Saura.
— Ah, Saura, ... a fait « Cria Cuervos » ?
— Oui, mais il y a longtemps. Il présente cette année « Carmen ».
— Ah bon ! Godard aussi, a fait un film sur Carmen.
— Comment s'appelle . . . . Godard ?
— « Prénom, Carmen ». Il voulait Isabelle Adjani (pour jouer Carmen) mais elle a refusé.
— Alors, comment s'appelle l'actrice qui joue Carmen ?
— C'est . . . . qui a un nom impossible : Marutschka Detmers !
— Est-ce qu'elle est aussi belle que . . . . chantait dans le film américain « Carmen Jones » ?
— Ça, je ne sais pas.

● Ponctuation

Les guillemets : encadrent une citation.

Les deux-points : annoncent les paroles, une énumération, une explication.

Et on lui répondait : « Oh ! je regrette. Il était là il y a quelques instants mais il vient de partir. » « Bon, je repasserai », disait M. Besson, et il se dirigeait vers un autre stand. Bien sûr, il valait mieux demander des rendez-vous pour un autre jour de la semaine.

Mettre la ponctuation qui convient.

— Ton professeur de maths m'a téléphoné
— Ah   oui   Quand
— Ce matin pendant que tu étais au lycée   tu sais ce qu'il m'a dit   Il m'a dit   Madame   votre fils est malade je suppose   je lui ai répondu   non   il est au lycée   Alors il m'a dit   Vous croyez   Ça fait une semaine qu'on ne l'a pas vu   Tu vas me donner des explications tout de suite.

B. COMPRÉHENSION ET ANALYSE ————————————————

● Festivals

Répondez aux questions :

1) *L'article compare deux festivals de musique. Lesquels ?*
2) *Pourquoi l'auteur préfère-t-il le festival de Besançon ?*

PIANO. — Cours d'interprétation de pianoforte par Paul Badura-Skoda, dans le cadre du Festival estival de Paris (mairie annexe du 3ᵉ arrondissement, 2, rue Eugène-Spuller).

— Très bien, ce Festival estival. Mais je m'intéresse infiniment plus à (celui de) Besançon, qui a lieu en ce moment. Enfin un festival qui allume chaque été un feu nouveau en province !

Le Nouvel Obs., 12 septembre 80

Griots africains. En Afrique, les musiques populaires ne se livrent pas facilement à l'étranger, car elles s'intéressent à tout autre chose que les nôtres : elles sont le véhicule privilégié de la tradition et donc de l'identité culturelle ; c'est à travers elles que la communauté retrouve sa force et sa créativité.

Une des richesses de l'Afrique vient de son extraordinaire diversité, du Sahel à la grande forêt et de la côte ouest à l'océan Indien. Diversité des cultures et des langues.

Les griots sont organisés en castes, régies par le principe de l'endogamie, comme le sont les forgerons, les cordonniers, les tisserands.

Désormais les griots, détenteurs de la tradition, ne chantent plus seulement pour les puissants mais pour tous, aussi bien en privé pour ceux qui apprécient leur art qu'en public à l'occasion des mariages, des baptêmes.   **France Culture 14 h 5**

En vous aidant au besoin d'un dictionnaire, choisissez les bonnes réponses.   *146*

1. — L'étranger, en Afrique, peut comprendre facilement les musiques populaires.
2. — « Les nôtres » signifie les musiques populaires du monde occidental.
3. — Les traditions africaines se retrouvent dans les musiques populaires.
4. — Il y a en Afrique beaucoup de cultures et de langues différentes.
5. — Les griots sont ceux qui transmettent la tradition.
6. — Les griots ne chantent plus pour personne.

● **Humour**

☐ Un homme entre dans un bar et dit :
— Tous ceux qui sont à ma droite sont des idiots, tous ceux qui sont à ma gauche sont des imbéciles.

Quelqu'un / à sa gauche / « réagit ».
— Hé vous, là-bas ! il ne faut pas me prendre pour un imbécile !
— Et alors, répond l'autre, qu'est-ce que vous attendez pour changer de côté ?

☐ Pourquoi, quand vous traversez une rue, regardez-vous d'abord à droite, ensuite à gauche ?
— Parce que je ne peux pas regarder des deux côtés en même temps !

Faites correspondre les titres et leur description.

1   LE SILEX ET LA ROSE.
De Brenda Jagger.
Editions Belfond.

2   LA CONJURATION DE 1985.
De Paul Erdman.
Editions Belfond.

3   LA GROTTE TABOU.
De Norbert Casteret.
Editions Perrin.

A

L'auteur, spéléologue connu, nous offre dans ce livre, cinq récits imaginaires où le monde souterrain est toujours présent. 252 pages. Format 20 × 13 cm. Couverture cartonnée souple.
Réf. 62 763 B   Prix Franco : 58,00

B

Suite des ''Chemins de maison haute''. L'auteur nous fait retrouver la famille Barforth, vingt ans plus tard. Julia veuve très jeune, fait comme sa tante Virginie, l'expérience de l'amour interdit. Sa liaison secrète avec son cousin Nicolas se solde par un échec et elle devra épouser Blaise, le frère de Nicolas... 432 pages. Format 24 × 15,5 cm. Couverture cartonnée souple.
Réf. 62 766 M   Prix Franco : 75,00

C

Ce roman de politique-fiction nous livre les dessous du trafic d'armes international. Il tient à la fois du document (il repose sur des éléments authentiques que l'auteur connaît bien par son métier de banquier) et du roman d'espionnage car il nous fait vivre avec le héros, Frank Rogers, une série d'aventures pleines d'émotions fortes. 288 pages. Format 24 × 15,5 cm. Couverture cartonnée souple.
Réf. 62 768 D   Prix Franco : 66,00

C. EXPRESSION

● **Souvenirs**

Faites des phrases sur le modèle ci-contre :

1. — De tous les pays que j'ai visités . . . .
2. — . . . . personnes que j'ai aimées . . . .
3. — . . . . livres . . . .
4. — . . . . amis . . . .
5. — . . . . disques . . . .

De tous nos souvenirs, les souvenirs affectifs sont ceux que nous nous rappelons le mieux.

1) *En utilisant l'adjectif indéfini qui vous semble convenir.*
2) *Le pronom relatif composé (celui que . . . . celle qui . . . . etc.).*
   (Attention à l'accord dans les 2 cas.)
3) *En terminant le texte par un superlatif de supériorité*
   (le mieux, le meilleur)

Figaro Madame, 2 juillet 83.

• Rendez-vous

M. Besson est passé en fin de journée au stand des Editions ivoiriennes. Il n'a trouvé personne. Il a donc laissé un mot pour obtenir un rendez-vous pour le mardi après-midi ou le mercredi matin. Complétez ce mot.

Messieurs,

Je suis passé _____ à votre stand
Je n'y ai malheureusement _____
J'aimerais vous _____
Je suis en effet responsable commercial d'une _____
française (_____ et Cie)
Nous avons l'intention de _____
et j'aimerais vous entretenir de ce projet.
Je m'appelle _____ et je suis logé à _____
où vous pouvez me joindre ou me laisser un _____
J'aimerais avoir un rendez-vous avec vous _____.
Merci de me faire savoir quand _____   F. Besson

D. JEUX

• Charades

On ne doit jamais répéter mon premier.
On habite sur mon second.
On trouve mon tout dans tous les bureaux.

Mon premier commence l'alphabet.
Mon second ce sont des personnes
Mon troisième est « oui » en russe.
On trouve aussi mon tout dans les bureaux.

• Jeu de boules

• Mots cassés

En utilisant les 10 boules vous formerez 10 mots avec la boule OIR

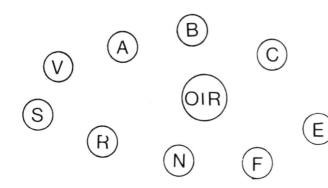

D	S	E	V	QU	A
T	B	OI	P	L	N
E	ON	R	OU	U	C
CH	M	V	IR	P	I

En assemblant les lettres de plusieurs cases, trouvez 28 mots contenant la syllabe « oi ».

61

Souffles

153

« E COUTE plus souvent
    Les choses que les êtres,
La voix du feu s'entend,
Entends la voix de l'eau.
Écoute dans le vent
Le buisson en sanglots :
C'est le souffle des ancêtres. »

« Ceux qui sont morts ne sont jamais partis :
Ils sont dans l'ombre qui s'éclaire
Et dans l'ombre qui s'épaissit.
Les morts ne sont pas sous la terre :
Ils sont dans l'arbre qui frémit,
Ils sont dans le bois qui gémit,
Ils sont dans l'eau qui coule,
Ils sont dans l'eau qui dort,
Ils sont dans la case, ils sont dans la foule,
Les morts ne sont pas morts.

Écoute plus souvent
Les choses que les êtres.
La voix du Feu s'entend;
Entends la voix de l'eau.
Écoute dans le vent
Le buisson en sanglots :
C'est le souffle des ancêtres morts,
Qui ne sont pas partis,
Qui ne sont pas sous la terre,
Qui ne sont pas morts.

BIRAGO DIOP
Leurres et lueurs
Présence africaine.

Birago Diop est né le 11 décembre 1906 à Oua-kam, banlieue de Dakar. Il fait ses études secondaires au Lycée Faidherbe de Saint-Louis. Il fréquente ensuite l'École vétérinaire de Toulouse; il participe activement à la publication de la revue « l'Étudiant noir ». Il exerce sa profession dans plusieurs pays africains. Il est ambassadeur du Sénégal en Tunisie. Il dirige actuellement une clinique vétérinaire à Dakar.
Œuvres :
Contes et Lavanes, 1963, Présence africaine.
Les contes d'Amadou Coumba, Présence africaine, 1965.
Les nouveaux contes d'Amadou Coumba, Présence africaine, 1967.
Leurres et Lueurs, poèmes, Présence africaine, 1967.

À EXPLIQUER

— *Quels sont les mots (noms et verbes) qu'on utilise habituellement pour les personnes, les êtres vivants, et qui sont utilisés ici pour des choses ?*
— *Que veut nous faire comprendre le poète ?*
— *Que signifie* l'ombre qui s'éclaire *et* l'ombre qui s'épaissit *?*
— *Quand est-ce qu'un arbre peut frémir et le bois gémir ?*
— *Donnez 2 exemples dans la nature de* « l'eau qui coule ».
         1 exemple de « l'eau qui dort ».
Expliquez ancêtres *et* case.

J'ai rendez-vous avec vous

Paroles et musique de Georges Brassens. Éd. Intersong
Interprète : Georges Brassens

Mon Seigneur l'astre solaire,
Comm' je n' l'admir' pas beaucoup,
M'enlèv' son feu, oui mais d' son feu, moi j' m'en fous
J'ai rendez-vous avec vous.

La lumièr' que je préfère
C'est cell' de vos yeux jaloux
Tout le restant m'indiffère,
J'ai rendez-vous avec vous

Monsieur mon propriétaire
Comm' je lui saccage tout
M' chass' de son toit, oui mais d' son toit moi j' m'en fous
J'ai rendez-vous avec vous
La demeur' que je préfère
C'est votre robe à froufrous
Tout le restant m'indiffère
J'ai rendez-vous avec vous.

Madame la gargotière[1]
Comm' je lui dois trop de sous
M' chass' de sa tabl', oui mais d' sa tabl', moi j' m'en fous
J'ai rendez-vous avec vous.
Le menu que je préfère
C'est la chair de votre cou
Tout le restant m'indiffère
J'ai rendez-vous avec vous.

Sa majesté financière
Comm' je n' fais rien à son goût
Garde son or, or de son or, moi j' m'en fous
J'ai rendez-vous avec vous
La fortun' que je préfère
C'est votre cœur d'amadou[2]
Tout le restant m'indiffère
J'ai rendez-vous avec vous.

---

1. Gargotière : femme qui tient un restaurant populaire.
2. Amadou : substance tirée du chêne et qui s'enflamme facilement.

L'œuvre de Georges Brassens (1921-1981) occupe une place considérable dans la chanson française contemporaine. Qu'elles parlent d'amour, d'amitié, de la mort, ses chansons ont toujours un accent très sincère : sincérité qu'on retrouvait dans le personnage lui-même.

Unité 2, LEÇON 5

A. GRAMMAIRE ET ORTHOGRAPHE

155 ● **Ce qui - Ce que**

I. Complétez les phrases suivantes en utilisant ce qui *ou* ce que.

1. — Les voisins ont encore acheté une nouvelle voiture!
   — Et alors? . . . . font les voisins ne m'intéresse pas! Ils font ce qu'ils veulent!
2. — Vous êtes riches, vous avez gagné 10 millions! Comment vous sentez-vous?
   — Je ne sais pas, je ne m'attendais pas à . . . . nous arrive!
3. — Écoute bien . . . . je te dis ou je ne m'occuperai plus jamais de toi!
4. — . . . . je n'ai pas compris, c'est comment tu as fait pour trouver mon adresse!
5. — Moi, ... me plaît pendant les vacances, c'est de ne rien faire.
6. — Moi, ... me plaît c'est de faire tout . . . . je n'ai jamais le temps de faire quand je travaille.

156 *II.* Ce qui / ce qu'il. *Choisissez selon le sens de la phrase:*

1. — Il change toujours d'avis, il ne sait pas $\begin{matrix} \text{ce qui} \\ \text{ce qu'il} \end{matrix}$ veut.

2. — Vous êtes fatigué; $\begin{matrix} \text{ce qui} \\ \text{ce qu'il} \end{matrix}$ vous faut, c'est du repos.

3. — Elle veut sortir ce soir $\begin{matrix} \text{ce qui} \\ \text{ce qu'il} \end{matrix}$ est impossible: j'ai trop de travail.

4. — Qui gagnera la course? c'est $\begin{matrix} \text{ce qui} \\ \text{ce qu'il} \end{matrix}$ est impossible de dire aujourd'hui.

5. — J'entre dans la pièce: tout le monde se tait, Pierre se lève et s'en va.

   Je voudrais bien savoir $\begin{matrix} \text{ce qui} \\ \text{ce qu'il} \end{matrix}$ se passe!

6. — Quand je ne serai plus là, tu pourras faire $\begin{matrix} \text{ce qui} \\ \text{ce qu'il} \end{matrix}$ te plaît, mais pas avant!

157 *III. Soulignez dans les phrases suivantes ce que représente « ce »:*

EX. — Il m'a conseillé de lire ce livre, ce que je ne comprends pas c'est que *lui-même ne l'a pas lu.*
1. — Vous m'avez demandé de lui téléphoner: c'est ce que j'ai fait.
2. — Ce que je lui ai conseillé, c'est d'aller vivre en Afrique où personne ne le connaît.
3. — Rester debout toute la journée, voilà ce qui est insupportable.
4. — Écris ce que je te dis: «Cher Monsieur, j'ai reçu votre lettre mais...»
5. — Ce qui me plaît en elle, c'est qu'elle est drôle.

- **Du verbe au nom**

I. Remplacez les propositions en italique par un groupe nominal, sans changer le sens de la phrase. *158*

1. — On a annoncé *qu'une usine allait s'installer* à 3 km d'ici.
    = on a annoncé *l'installation* d'une usine à 3 km d'ici.
2. — Il souhaite *qu'on développe l'industrie* de son pays. = ...
3. — *Former des ingénieurs* est un de leurs plus gros problèmes. = ...
4. — Nous ferons venir des techniciens pour *entretenir les machines.* = ...
5. — *On a équipé l'usine* avec de nouvelles machines, et cela a coûté cher. = ...

II. Complétez si possible le tableau suivant présentant des mots de la même famille. *159*

verbe	nom	celui qui fait
ex. : bricoler	le bricolage	un bricoleur
1. chanter	une .... le	un ....
2. autoriser	une	
3. peindre	la	un ....
4. dessiner	le .... un	un ....
5. jouer	le .... un	un ....
6. danser	une .... la	un ....
7. organiser	une	un ....

- **Discours indirect** *160*

Qu'est-ce que déclare le premier ministre français (en 1983) Pierre Mauroy?
Il déclare qu'il va ....

Mauroy: «je vais poursuivre la politique de rigueur»

« *J'ai répondu à l'appel du président de la République (...) il est maintenant parfaitement clair que la politique a mener est celle de la rigueur, et c'est cette politique que je poursuivrai »* ^

B. COMPRÉHENSION ET ANALYSE

Alain CRINVERT DÉPLACEMENTS PRÉVUS - OCTOBRE 1983 / JUIN 1984

PAYS	DURÉE approximative	DATE approximative
ITALIE	- 3 voyages annuels (5 jours × 3)	- 2e quinzaine octobre 83 - printemps 84 fin juin 84
ESPAGNE-PORTUGAL	- 3 voyages annuels (5 jours × 3)	- novembre 83 - printemps 84 début juin 84
ALLEMAGNE-AUTRICHE	- 2 voyages annuels (10 jours × 2)	- à fixer
PAYS-BAS	- 2 voyages annuels (8 jours × 2)	- 1re semaine octobre - à fixer
GRÈCE	- 2 voyages annuels (8 jours × 2)	- décembre 83 - à fixer
SCANDINAVIE	- 1 voyage annuel (10 jours)	- novembre 83
PROCHE-ORIENT	- 1 voyage annuel (12/15 jours)	- décembre 83
U.S.A.	- 1 voyage (15/20 jours)	- janvier 84
JAPON EXTRÊME-ORIENT	- 1 voyage (20 jours)	- février 84
AMÉRIQUE LATINE	- 1 voyage (20 jours)	- mars 84

● **Monsieur Crinvert**

Monsieur Crinvert voyage beaucoup : il est directeur commercial d'une importante maison d'édition. Répondez par vrai ou faux aux questions suivantes :

1. — M. Crinvert compte se rendre d'abord en Italie.
2. — M. Crinvert passera en tout plus d'un mois en Amérique.
3. — M. Crinvert ira dans les pays germanophones en septembre.
4. — M. Crinvert ira trois fois en Asie.
5. — Le dernier déplacement prévu par M. Crinvert est un voyage en Espagne.

● **Budget**

Monsieur Gudyrma, directeur financier, présente le budget prévisionnel de la même société. Retrouvez l'ordre logique de ce texte en replaçant les éléments de phrase sous les trois rubriques suivantes :

1. Environnement économique
2. Évolution du chiffre d'affaires
3. Action au niveau de la promotion

OBJET : PRÉSENTATION DU BUDGET 1984

☐ Améliorer les performances de nos envois vers l'étranger grâce à une réactualisation de notre fichier.   A

Il s'appuie sur le développement de 3 méthodes de français langue étrangère.   B

☐ Dynamiser nos diffuseurs traditionnels ou bien en trouver d'autres.   C

— stabilisation du nombre d'apprenants en Europe après plusieurs années de déclin.   D

La conjoncture pour l'enseignement du français dans le monde s'améliore.   E

Le chiffre d'affaires 1984 sera plus de deux fois supérieur à celui de 1983.   F

— réintroduction des langues étrangères dans le programme des high schools aux U.S.A.   G

☐ Un effort tout particulier sera fait en direction du marché nord-américain.   H

C. EXPRESSION

● **« Maximes »**

⁂

Il ne faut pas vingt années accomplies pour voir changer les hommes d'opinion sur les choses les plus sérieuses, comme sur celles qui leur ont paru les plus sûres et les plus vraies. [...]

La Bruyère (*Les caractères*)

Essayez d'inventer des maximes équivalentes commençant par :
Il ne faut pas 3 jours . . . .
Il ne faut pas 5 minutes . . . .

● **Télex**

Prenez le texte du télex de M. Besson et faites-en une lettre.
Même chose avec la réponse de M. Lefèvre.
« J'ai eu de très bons contacts . . . . »
« J'ai rencontré . . . . »

«...Nous avons commencé en 1930 un dialogue qui n'est pas fini et je projette toujours d'écrire—ne serait-ce qu'en quelques pages—ce que je vous dois.» Jean Grenier à Albert Camus, novembre 1944

En octobre 1930, la classe de terminale du Grand Lycée d'Alger compte un élève singulier, Albert Camus. Jean Grenier, professeur de philosophie, le remarque. De cette rencontre, naîtront une amitié, une correspondance, qui ne cesseront que par la disparition d'Albert Camus. Deux cent trente-cinq lettres, cent douze d'Albert Camus, cent vingt-trois de Jean Grenier, prochainement publiées aux Éditions Gallimard*, éclairent le parcours de l'écrivain.

I. Complétez

Quand ? En octobre 1930.
Où ? . . . .
Qui ? . . . .
Quoi ? . . . .

Albert Camus à Jean Grenier
Ma vie est aussi éloignée que possible de la Nature, autant que ma conduite l'est de mes idées. Où je suis : 3, rue du Languedoc où je goûte un été délicieux dans un jardin qui ne peut l'être puisqu'il a des murs.
A.C. Alger, 25 août 1932

II. En employant le plus possible de noms, dites en un paragraphe de quoi parle ce texte.

Il y a deux sortes de boomerangs
celui qui part et celui qui revient
il y a deux sortes de yo-yo
celui qui monte et celui qui descend
c'est pourquoi
la greffe des uns sur les autres
n'a jamais donné de résultats probants

Jacques MEUNIER
(né en 1941)

Poèmes pour les enfants
(J. Orizet, Ed. Cherche-Midi)

Essayez de construire des « poèmes scientifiques » commençant par
« Il y a deux sortes de . . . . »

D. JEUX

● Rébus

● Charades

Mon premier commence l'alphabet
Mon second peut être fort, froid, chaud, léger...
Mon troisième est un fleuve au Portugal
C'est toujours mieux d'avoir mon tout!

Mon premier est la 11ᵉ lettre de l'alphabet
On dort encore dans mon second
Mon troisième est une boisson d'origine chinoise
Mon tout n'est pas un défaut.

● Mots croisés

Horizontalement:

1 - Ce que vous pouvez dire quand vous vous êtes trompé!
2 - Le contraire de bas.
3 - Environ.
4 - Tais-toi, tu .... que je parle, moi aussi?
5 - Ne rien dire.
6 - Dans une école.
7 - Le contraire de « positive ».

Verticalement:

I - Nous sommes dessus.
II - Il a acheté trois .... de cigarettes!
III - Quand vous appelez quelqu'un: « .... vous, là-bas! »
IV - Pronom possessif.
V - Tu as de beaux .... tu sais.
VI - Forment un train.
VII - 1 000 grammes.
VIII - Peut être le contraire de « encore ».

Toutes les lettres de l'alphabet doivent figurer dans cette grille.

Rayez les lettres de l'alphabet quand vous les avez placées:
A B C D E F G H I J K L M N O P Q R S T U V W X Y Z.

Un soldat boit un verre à la terrasse d'un café, quand passe un général.
Le soldat se lève et le salue.
— Parfait, très bien, dit le général, vous m'avez reconnu !
— Oui, vous êtes général, mon Général !
— Excellent !! Bon soldat !! Et savez-vous ce que ça commande, un général ?
— Ce que vous voudrez, mon Général. Pour moi ce sera une autre bière !

171 **E. TEXTES**

Passé indéfini

Je suis monté dans l'autobus de la porte Champerret. Il y avait beaucoup de monde, des jeunes, des vieux, des femmes, des militaires. J'ai payé ma place et puis j'ai regardé autour de moi. Ce n'était pas très intéressant. J'ai quand même fini par remarquer un jeune homme dont j'ai trouvé le cou trop long. J'ai examiné son chapeau et je me suis aperçu qu'au lieu d'un ruban il y avait un galon tressé. Chaque fois qu'un nouveau voyageur est monté il y a eu de la bousculade. Je n'ai rien dit, mais le jeune homme au long cou a tout de même interpellé son voisin. Je n'ai pas entendu ce qu'il lui a dit, mais ils se sont regardés d'un sale œil. Alors, le jeune homme au long cou est allé s'asseoir précipitamment.

En revenant de la porte Champerret, je suis passé devant la gare Saint-Lazare. J'ai vu mon type qui discutait avec un copain. Celui-ci a désigné du doigt un bouton juste au-dessus de l'échancrure du pardessus. Puis l'autobus m'a emmené et je ne les ai plus vus. J'étais assis et je n'ai pensé à rien.

RAYMOND QUENEAU
de l'Académie Goncourt

Exercices de style

*Sur un événement très « banal »
(une dispute dans un autobus).
Queneau a inventé une centaine
de variations.
En voici quelques-unes.*

Notations

Dans l'S, à une heure d'affluence. Un type dans les vingt-six ans, chapeau mou avec cordon remplaçant le ruban, cou trop long comme si on lui avait tiré dessus. Les gens descendent. Le type en question s'irrite contre un voisin. Il lui reproche de le bousculer chaque fois qu'il passe quelqu'un. Ton pleurnichard qui se veut méchant. Comme il voit une place libre, se précipite dessus.

Deux heures plus tard, je le rencontre Cour de Rome, devant la gare Saint-Lazare. Il est avec un camarade qui lui dit : « Tu devrais faire mettre un bouton supplémentaire à ton pardessus. » Il lui montre où (à l'échancrure) et pourquoi.

Télégraphique

BUS BONDÉ STOP JNHOMME LONG COU CHAPEAU CERCLE TRESSÉ APOSTROPHE VOYAGEUR INCONNU SANS PRÉTEXTE VALABLE STOP QUESTION DOIGTS PIEDS FROISSÉS CONTACT TALON PRÉTENDU VOLONTAIRE STOP JNHOMME ABANDONNE DISCUSSION POUR PLACE LIBRE STOP QUATORZE HEURES PLACE ROME JNHOMME ÉCOUTE CONSEILS VESTIMENTAIRES CAMARADE STOP DÉPLACER BOUTON STOP SIGNÉ ARCTURUS.

Contre-vérités

Minuit. Il pleut. Les autobus passent presque vides. Sur le capot d'un AI du côté de la Bastille, un vieillard qui a la tête rentrée dans les épaules et ne porte pas de chapeau remercie une dame placée très loin de lui parce qu'elle lui caresse les mains. Puis il va se mettre debout sur les genoux d'un monsieur qui occupe toujours sa place.

Deux heures plus tôt, derrière la gare de Lyon, ce vieillard se bouchait les oreilles pour ne pas entendre un clochard qui se refusait à dire qu'il lui fallait descendre d'un cran le bouton inférieur de son caleçon.

Raymond QUENEAU
Exercices de style © Gallimard

Unité 3, LEÇON 1

A. GRAMMAIRE ET ORTHOGRAPHE

172 ● **Noms composés**

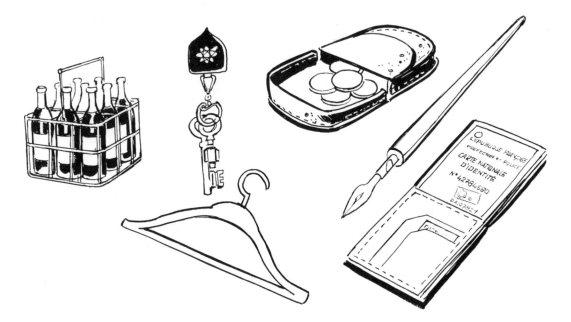

173 *I. a) Écrivez sous chacun des dessins le mot qu'il représente :*

b) Pouvez-vous expliquer pourquoi il y a un « s » à « bouteilles » et à « clés » et non à « monnaie » ou à « plume » ?

II. Cherchez le pluriel des noms suivants. (Aidez-vous d'un dictionnaire.)

une belle-mère - un grand-père.
un chou-fleur - une pomme de terre.

Que remarquez-vous ?

174 ● **Ne... que**

Complétez les phrases suivantes avec ne... que - ne... plus - ne... pas - ne... jamais.

1. — Je .... connais .... de restaurant près de chez moi.
2. — Il .... a .... faim, il a trop mangé !
3. — Je .... ai .... pu aller au cinéma car je .... avais .... 10 F dans mon porte-monnaie.
4. — C'est un pays où il fait beaucoup trop chaud, je ....y retournerai .... en été.
5. — Mais non, je t'assure, je ....le connais ...., je .... l'ai .... vu !
6. — Tu .... as fait .... les exercices 2 et 3. Tu devais tous les faire !
7. — Nous .... avons .... encore vu le dernier film de Godard.

72

● Discours indirect/direct

I. Récrivez ce dialogue en utilisant le style indirect :

Le patient: — Docteur, je me sens vraiment très mal en ce moment.
(le malade)
Le docteur: — Travaillez un peu moins, reposez-vous, buvez moins d'alcool et prenez chaque matin une ampoule de...

— *Hier, je suis allé chez le docteur et je lui ai dit...(**continuez**)*

II. Imaginez 2 autres dialogues sur le même modèle à partir des éléments suivants :

1 le patient: (prendre 5 kg - se sentir mal)
   le docteur:(manger moins - ne plus manger de pain, de pâtisseries - faire du sport - perdre quelques kg).

2 le patient: (avoir mal à la gorge)
   le docteur:(garder la chambre pendant 2 jours - ne plus fumer - prendre 2 comprimés de tétragamma matin et soir).

Récrivez vos deux dialogues en utilisant le style indirect.

III. a) Récrivez le texte suivant au passé :

Isabelle me propose d'aller au restaurant. Elle me demande si j'aime les restaurants chinois parce qu'elle en connaît un tout près de la gare. J'accepte car elle me dit que nous y serons tranquilles et que nous mangerons bien. Je lui demande si on mangera avec des baguettes car je ne sais pas m'en servir! Elle me répond que ce n'est pas très difficile, qu'elle me montrera comment faire et qu'elle est sûre que je me débrouillerai très bien.

b) Écrivez ce texte sous forme de dialogue en utilisant le style direct.

● Conditionnel et concordance des temps

Transformez le texte suivant au passé :

Je sais qu'il partira en juin et qu'il ira passer trois semaines au Club. Je sais qu'il aura un temps superbe et qu'il pourra faire du sport toute la journée. Je sais qu'il y aura des dizaines de jolies femmes et qu'il dansera toute la nuit. Et tu crois que je vais le laisser partir tout seul ?

— *Je savais... (**continuez**)*

B. COMPRÉHENSION ET ANALYSE

• Petites annonces RENCONTRES

1

Bordeaux, médecin 38 ans, exc. situation, bien phys., aimant la vie, l'humour, la tendresse, souhaite rencontrer, JF 30-36 ans, jolie, grande, cultivée, relax. pour vivre ensemble longtemps, longtemps, longtemps. Photo, téléphone SVP. Ecrire journal, réf. 826 9P.

3

Avocat, écriv. cinq., all. tr. jeune, 1,70 m. mince, brun, élég., 2 garç. 7 et 9 en garde, inst. div., ch. pr. lia. ou mar. JF 32-42, tr. jolie, mince, ét. sup. prof. ou prof. lib., aimant sent. enf. nat., littér., lang. étrang., théât., mus., piano, voyag., ski, tennis, tél. photo. Ecrire journal, réf 826 10N.

a

Paris, F. cél., 33 ans, agréable, ch. H., bon, grand, à aimer toujours. Ecrire journal, réf 826 9Z.

b

JF, 33 ans, gaie, tendre, jol., sup., ch. H, 35-50 ans, libre, cultivé, pr être heureux, tél. Ecrire journal, réf. 826 9U.

2

Beau Garçon, gr., dist., sport., exc. sit., 32 a., ch. JF 20-36 pour lui faire l'amour av. passion et uniqu. pour cela. Photo ind. Ecrire journal, réf. 826 7C.

4

Grand brun, 37 a., b. phys., tendre, humour, divorcé, cadre sup., ch. JF 25-35 a., jolie, sensible, ouverte, pr respirer ensemble. Tél., photo souhaités. Ecrire journal, réf. 826 6J.

c

JF, 36 ans, libre, blonde, mince, souh. renc. pr amitié durable H libre, quarantaine dynamique et câlin. Ecrire journal, réf 826 7A.

d

JF, 30 ans, jolie, fine. étud. sup., aimant nature, voyages, ch. H. 35-45 ans, sér., très bon situat., jeune d'esp., humour, cult. aim. enf. Ecrire journal, réf 826 9Q.

I. Cherchez la signification des abréviations. (Aidez-vous d'un dictionnaire.)

1 - exc. = excellent
   phys. = physiquement

a - F = femme
   cél. = célibataire
   H = homme

II. Celui ou celle qui rédige une annonce « Rencontres » commence par se décrire, puis définit la personne recherchée.

a) Complétez les tableaux (1, 2, 3, 4 = annonces d'hommes ; a, b, c, d = annonces de femmes)

a) Auto-description :

	Age	Situation de famille	Situation prof. niveau culturel	Description physique	Portrait moral, qualités	Goûts
1						
2						
3						
4						
a						
b						
c						
d						

b) Personne recherchée:

	Age	Situation de famille	Situation prof. niveau culturel	Description physique	Portrait moral, qualités	But
1						
2						
3						
4						
a						
b						
c						
d						

III. A votre avis...

Est-ce que 2 peut convenir à a, b, c ou d? Dites pourquoi.
Est-ce que 3 ....
On sait ce que recherchent 1, 2, 3, 4, a, b, et c; d n'en parle pas. A votre avis, que recherche-t-elle?
....

IV. Essayez de tirer des conclusions:

a) sur l'âge des personnes recherchées par les hommes: ....
par les femmes: ....

b) sur les professions des hommes: ....
des femmes: ....

c) sur le physique recherché par les hommes: ....
par les femmes: ....

d) sur les qualités morales recherchées par les hommes: ....
par les femmes: ....

V. Vous êtes la personne a. Quel homme préférez-vous? Dites pourquoi.

Vous êtes la personne b. Quelle femme préférez-vous? Dites pourquoi.

● **Humour**

180

— Tu sais, Maman, je ne vais pas en classe demain!
— Pourquoi cela?
— La maîtresse m'a donné un jour de congé pour la naissance de mon petit frère.
— Comment, «de ton petit frère»? Tu ne lui as pas dit qu'il y avait des jumeaux?
— Ah non! j'en ai gardé un pour la semaine prochaine!

● **Le Canada**

Le Canada est divisé en dix provinces qui sont, d'est (Atlantique) en ouest (Pacifique) :
● **Les quatre « Maritimes ».** — Terre-Neuve et Labrador (capitale : Saint John's),
404 517 km², 577 400 habitants ; **île du Prince-Edouard** (capitale : Charlottetown),
5 667 km², 123 200 habitants ; **Nouvelle-Ecosse** (capitale : Halifax), 55 491 km²,
848 500 habitants ; **Nouveau-Brunswick** (capitale : Fredericton), 73 436 km², 703 500
habitants.
● **Le Québec.** — Capitale : Québec (419 600 habitants) ; 1 648 269 km², 6 302 300
habitants (dont 2 800 000 dans la seule agglomération de Montréal).
● **L'Ontario.** — Capitale : Toronto (2 900 000 habitants) ; 1 068 500 km²,
8 517 700 habitants.
● **Les trois provinces des « Prairies ».** — Manitoba (capitale : Winnipeg),
650 000 km², 1 026 400 habitants ; **Saskatchewan** (capitale : Regina), 650 000 km²,
960 000 habitants ; **Alberta** (capitale : Edmonton), 661 188 km², 2 030 800 habitants.
● **La Colombie britannique.** — Capitale : Victoria (230 592 habitants) ; 948 544 km²,
2 587 200 habitants (dont 1 million dans l'agglomération de Vancouver).
A ces dix provinces s'ajoutent les deux « territoires » du Grand Nord : celui du **Yukon**
(capitale : Whitehorse), 538 400 km², 21 800 habitants ; et celui du **Nord-Ouest** (capitale : Yellowknife), 3 393 000 km², 43 200 habitants.
On rappellera que l'Union soviétique, les Etats-Unis et la France couvrent respective-
ment : 22 403 000 km², 9 347 680 km² et 551 255 km². Le Canada : 9 959 000 km².
Entre Montréal et Vancouver : 4 800 km à vol d'oiseau, 8 700 par la route. Entre Paris
et Montréal, par avion : 6 400 km.

Samedi 6 novembre 1982. *Le Nouvel Observateur.*

Répondez aux questions suivantes :

— Quelle est la province la plus grande ? .... la plus petite ? .... la plus
peuplée ? .... la moins peuplée ? ....
— Quelle est la ville canadienne la plus peuplée ? ....
— Êtes-vous d'accord ou pas d'accord : C'est dans l'île du Prince Édouard qu'il y a le plus
d'habitants au km² ....
— Dans quelle partie du Canada y-a-t-il le moins d'habitants au km² ? ....

C. EXPRESSION

182 ● **Jumeaux d'Europe...**

*Cet article sur le « Club des jumeaux européens »
répond à trois questions :*

1. — qui veut le créer ?
2. — dans quel but ?
3. — pour quelle raison (à cause de quoi) ?

*Dans quel ordre l'article présente-t-il ces
trois questions ?*

*Essayez de le récrire dans l'ordre suivant : 1, 2, 3.
puis : 2, 1, 3.*

**Jumeaux d'Europe,
unissez-vous !**
Jumeaux, jumelles sont, paraît-il,
hypersensibles. Contrairement
à ce qu'on croit, ils ont davantage besoin de contacts que la
moyenne car ils se sentent plus
ou moins marginaux. D'ou l'idée
venue à deux jumeaux français
âgés de 22 ans, de fonder le
« Club des jumeaux européens »
qui se propose d'organiser des
réunions, réaliser des enquêtes,
dossiers, sondages, passer
éventuellement un week-end
de compagnie, etc. Guider
aussi les parents de jumeaux.
(65, rue Galande, 75006 Paris.
Tél. : 633.63.93).

Marie-Claire, Avril 83

Gueule de bois

1. Résumez ce texte en une vingtaine de lignes. Vous essaierez de respecter la description en 5 paragraphes :

Le 1er paragraphe décrit l'homme en train de boire.
Le 2e nous dit où se passe cette histoire et depuis combien de temps elle dure.
Le 3e est une description de cet homme.
Le 4e nous dit comment Miguel s'en va.
Le 5e nous dit qui il est.

2. Essayez de rédiger un « croquis » du même « type » à partir du scénario suivant :

Scénario : Un monsieur est assis tous les jours à midi à la terrasse d'un café, à la même table, près de la porte. Il boit toujours un porto. Il porte tout le temps un ridicule petit chapeau noir. Et il fait les mots croisés dans son journal. Personne ne s'intéresse à lui. Pourtant c'est un homme célèbre.

Pour la douzième fois, Miguel remplit son verre. En fait , c'est peut-être la treizième. Il ne sait plus très bien. Lentement, l'alcool fait son œuvre, et Miguel ne distingue plus que les silhouettes agitées des couples qui dansent la salsa. Le Coca-Cola mélangé au rhum le fait roter, et certains clients offusqués voudraient bien que José, le patron, mette ce malotru dehors.

Mais Miguel est un habitué. Depuis qu'il a été muté à Lima, voici cinq ans, il vient chaque soir vers 21 heures s'installer à une table de cette peña, perdue dans le quartier chic de San-Isidro.

Les femmes se retournent parfois sur cet homme d'une quarantaine d'années, élégamment vêtu, et qui ne parle jamais. Seul avec sa bouteille et son verre, Miguel passe son temps à le perdre. Un observateur attentif remarquerait sans doute le léger tremblement des mains que Miguel s'efforce de dissimuler. Mais c'est sans importance, car personne ne se soucie de lui.

A l'heure de la fermeture, Miguel est invariablement affalé sur son banc, plongé dans un sommeil d'ivrogne. Chaque soir, le patron est obligé de le traîner par les pieds jusqu'à la porte. Deux gardes civils, pour qui cette corvée est devenue routinière, emportent alors Miguel jusqu'à la caserne en prenant soin de ne pas le réveiller.

Quelques heures plus tard, à 5 h 30 précisément, c'est un homme rasé de près, les yeux légèrement vitreux, qui exige qu'on cire ses bottes. Son éternelle cravache à la main, le colonel Miguel Rojas Gutierrez arpente pour la première fois de la journée les bâtiments sinistres qui abritent son régiment. Il ne boira pas une goutte d'alcool avant 21 heures.

MARC CAPELLE.

D. JEUX

184 ● **Rébus**

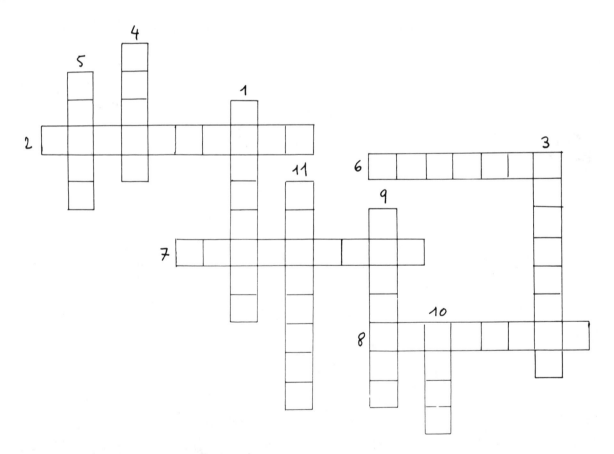

185 ● **Mots croisés**

Complétez la grille.

Anne-Marie a fait des études de ....1.... Elle est ....2.... de France. Grâce à ses ....3.... elle a trouvé du travail dans un laboratoire au Québec où elle était partie faire un ....4.... C'est là-bas qu'elle a rencontré son mari, un grand ....5.... ....6.... Quand elle a rencontré André, il était ....7...., et ce n'est pas grâce aux petites ....8.... dans un journal qu'ils se sont rencontrés. Cinq ans après leur mariage, ils ont eu des ....9.... Puis André est parti travailler dans le ....10...., loin de ....11....

186

● **Charades**

Vous pressez une orange ou un citron pour avoir mon premier
Quand vous parlez, vous vous servez de mon second
Anne-Marie et André ont mon tout.

Mon premier est fait de paroles et de musique
Mon second est dans « entier »
On travaille sur mon tout.

Mon premier peut être un adjectif possessif ou démonstratif
Mon second est une note de musique
Il y a beaucoup de mon troisième dans un dictionnaire
Les oiseaux habitent dans mon quatrième
Vous pouvez être invité à mon tout.

E. TEXTES

« Jour de Pâques fleuries »

AUJOURD'HUI, jour de Pâques fleuries [1], il y a précisément cinquante ans de ma première connaissance avec Mme de Warens. Elle avait vingt-huit ans alors, étant née avec le siècle. Je n'en avais pas encore dix-sept, et mon tempérament naissant, mais que j'ignorais encore, donnait une nouvelle chaleur à un cœur naturellement plein de vie. S'il n'était pas étonnant qu'elle conçût de la bienveillance pour un jeune homme vif, mais doux et modeste, d'une figure assez agréable, il l'était encore moins qu'une femme charmante, pleine d'esprit et de grâces, m'inspirât, avec la reconnaissance, des sentiments plus tendres que je n'en distinguais pas. Mais ce qui est moins ordinaire est que ce premier moment décida de moi pour toute ma vie et produisit, par un enchaînement inévitable, le destin du reste de mes jours.

À EXPLIQUER

J.-J. ROUSSEAU
Rêveries d'un promeneur solitaire

— *En quelle année est né Rousseau? Regardez dans un dictionnaire.*
— *En quelle année a-t-il donc rencontré Mme de Warens?*
— *Quel portrait Rousseau fait-il de lui-même et de Mme de Warens?*

Une petite fille

Paroles Claude Nougaro. Musique Jacques Datin. Éd. Bagatelle.
Interprète : Claude Nougaro

un' petit' fill' en pleurs dans une ville en
pluie et moi qui cours a. près

Un' petit' fille en pleurs dans une ville en pluie
Et moi qui cours après
Et moi qui cours après au milieu de la nuit
Mais qu'est c' que j' lui ai fait?

Une petite idiote qui me joue la grand' scène
De la femm' délaissée
Et qui veut me fair' croir' qu'elle va se noyer!
C'est d' quel côté la Seine?

Mais qu'est c' que j' lui ai fait?
Mais qu'est c' qui lui a pris?
Mais qu'est c' quell' me reproche?

Lorsque je l'ai trompée, ell' l'a jamais appris
C'est pas ell' qui s'approche?

Tu m'aim's vraiment dis-moi, tu m'aim's tu m'aim' tu m'aim's
C'est tout ce qu'ell' sait dire
En bouffant, en m' rasant, quand je voudrais dormir
Faut lui dir' que je l'aime!

Un' petit' fille en pleurs dans une ville en pluie
Où est-ell' Nom de Dieu!
Elle a dû remonter par la rue d' Rivoli
J'ai d' la flott' plein les yeux

Parc' qu'elle avait rêvé je ne sais quel amour
Absolu, éternel
Il faudrait ne penser, n'exister que pour elle
Chaque nuit, chaque jour
Voilà ce qu'ell' voudrait seul'ment y'a la vie
Seul'ment y'a le temps
Et le moment fatal où le vilain mari
Tue le prince charmant
L'amour, son bel amour, il ne vaut pas bien cher
Contre un calendrier
Le batt'ment de son cœur, la douceur de sa chair
Je les ai oubliés.

Où donc est-ell' partie?
Voilà qu'il pleut des cordes
Mon Dieu regardez-moi
Me voilà comme un con
Place de la Concorde!

Ça y est, je la vois
Attends moi!
Attends moi!

Je t'aime
Je t'aime
Je t'aime!

Claude Nougaro (cf. T. I. p. 86) commence sa carrière de chanteur en 1962 avec entre autres Les Don Juan, « mise en boîte » de séducteurs, Cécile ma fille, belle chanson sur l'amour paternel, et... Une petite fille. Dans Paris sous la pluie, un homme part à la rencontre d'une « petite fille » trop idéaliste. Il nous raconte sous la forme d'un monologue intérieur l'histoire d'un amour qui n'a pas résisté au temps. Il l'a retrouvée place de la Concorde : mais retrouve-t-il aussi son amour pour elle? Claude Nougaro semble nous laisser le soin d'imaginer une suite possible.

Unité 3, LEÇON 2

A. GRAMMAIRE ET ORTHOGRAPHE

• **En et Y**

189

I. Complétez les phrases suivantes en utilisant les pronoms « en » et « y » et soulignez le groupe de mots que remplacent « en » et « y ».

1. — Ce que tu as écrit, c'est de la poésie, mais ce que j'ai écrit, ce n' . . . . est pas !
2. — Vous allez en Égypte au mois d'août ?
   — Ah non, au mois d'août il . . . . fait trop chaud !
3. — Crois-tu à l'histoire qu'il t'a racontée ?
   — Non, je n' . . . . crois pas du tout.
4. — 9 mots en /-ail font leur pluriel en /-aux ; le mot « travail » . . . . est un, les autres s'écrivent /-ails.
5. — Des gens sympathiques, j' . . . . ai rencontré quand j'étais au Canada.
6. — Est-ce qu'il s'intéresse à ce que tu fais ?
   — Oui, il s' . . . . intéresse un peu.
7. — J'ai beaucoup d'amis, mais je n' . . . . ai qu'un qui me connaisse vraiment bien.

II. Dans les phrases suivantes, soulignez ce que représentent les pronoms en, y *et* le

190

Tu te souviens de *ce petit commerçant en Grèce, qui voulait nous vendre toute sa boutique ?*
— Ah oui, je m'*en* souviens, tu étais prêt à tout acheter !

1. — Est-ce que tu as demandé à Martine quel jour elle partait ?
   — Non, je n'*y* ai pas pensé, je ne *le* lui ai pas demandé.
2. — Le fils de la voisine va se marier !
   — Oui, je *le* sais, c'est la 3ᵉ fois que tu me *le* dis !
3. — Tu as parlé avec Francis des problèmes qu'il avait eus avec son patron ?
   — Non, je ne lui *en* ai pas parlé.
4. — Tu connais la nouvelle ? Le dernier film de Godard vient de sortir !
   — Oui, je *le* sais.
5. — Tu te rappelles que tu dois écrire à tes parents ?
   — Oui, je me *le* rappelle, je leur écrirai ce soir.

• **Comme**

191

Reconstruisez les phrases suivantes en utilisant « comme » sur le modèle :

J'aime la musique. Anne la déteste.
Je ne suis pas comme Anne, moi, j'aime la musique.

1. — Ton frère travaille ; toi tu ne travailles pas.
   Tu n'es pas..., lui...
2. — Ton appartement est très confortable : le mien ne l'est pas.
   Ton appartement n'est pas..., le tien...
3. — Je n'ai pas passé mon bac, toi, passe-le !
   Ne fais pas..., toi... ton bac.
4. — Toi tu es gentil ; lui, il ne l'est pas.
   Tu n'es pas..., toi, tu...

● **La cause**

I. Quel terme convient : à cause de — grâce à — parce que ?

1. — Elle n'est pas arrivée à l'heure .... la grève de métro.
2. — Ils sont repartis très vite .... ils ne se plaisaient pas ici.
3. — Elle a obtenu son diplôme .... son travail.
4. — Nous n'avons pas pu venir .... nous n'en avons pas eu le temps.
5. — Je suis tombé .... lui !
   mais je me suis relevé .... lui.
6. — Il ne sait pas faire cet exercice .... il n'a pas appris sa leçon.

II. Sans en changer le sens, transformez les phrases suivantes en utilisant « à cause de *» ou «* grâce à *» + un nom, à la place de la proposition en italique.*

Il a eu un accident *parce qu'il y avait du verglas.* → à cause du verglas.

1. — La route était mauvaise *car il a plu tout le temps.*
2. — Il a réussi ses examens *parce qu'il avait beaucoup travaillé.*
3. — Elle est très occupée *car elle est en train de déménager.*
4. — Il a réussi *parce que vous l'avez bien conseillé.*

● **Orthographe**

Rétablissez la ponctuation et les majuscules dans les textes suivants :

a) en ce temps-là elle était loin l'amérique on partait y chercher les fins tabacs de virginie la route était longue dangereuse aussi les précieuses cargaisons des navires marchands faisaient l'objet de toutes les convoitises mais les hommes de la marine royale veillaient ils affrontaient les pires dangers la vie la mort l'amour avec vaillance force et passion et tout cela pour un peu de fumée mais quelle fumée aujourd'hui vous retrouverez dans les royale le goût des héros d'autrefois tabacs blonds mêlés d'aventure élégance et passion espace force dans les tempêtes

b) vacances un mot magique mille rêves à égrener tout au long de l'année deux formules d'évasion à débattre d'urgence partir à l'aventure seule ou avec des copains sur les routes du bout du monde ou la vie communautaire et facile sur la plage dorée d'un club chaque solution a ses adeptes farouches deux filles défendent chacune leur point de vue lisez leur témoignage avant de jouer vos vacances à pile ou face

c) comment êtes-vous devenue comédienne j'avais 18 ans quand je suis allée au théâtre pour la première fois à montréal à la fin du spectacle j'ai frappé à la porte du metteur en scène il m'a demandé si j'étais comédienne j'ai répondu non mais je veux essayer il m'a engagée.

d) la victoire massive du fianna fail le parti d'eamon de valera est une surprise et un avertissement pour les irlandais le vieux parti républicain qui avant son échec de 1973 avait été au pouvoir presque sans interruption pendant plus de quarante ans a mené une campagne à l'américaine personne ne prévoyait cependant qu'il écraserait si radicalement la coalition centriste-travailliste sortante

B. COMPRÉHENSION ET ANALYSE

● **Petites annonces**

195

I. Lisons les petites annonces de « Libé »
Le journal « Libération » a un style différent des autres journaux français.
En particulier, il emploie souvent un style familier.
ici : boulot, propose = Offres d'emploi
*   bosser   = Travailler*

II. Réfléchissons

196

Une offre d'emploi contient en général plusieurs rubriques.

a) on propose un travail défini.
b) on définit la personne qu'on recherche.
c) on indique la durée de ce travail.
d) on indique la rémunération (salaire) proposée
   (possibilités de gains fixes ou variables, « au pourcentage »).
e) on précise comment le candidat doit prendre contact avec
   l'annonceur.

III. Analysons les 5 annonces suivantes : Répondez en mettant des croix.

197

	1	2	3	4	5
1. — Travail proposé :					
très bien défini					
assez bien défini					
mal défini					
non défini					
2. — Personne recherchée :					
qualification demandée					
qualification non demandée					
3. — Durée :					
emploi fixe					
emploi à durée limitée					
durée non définie					
4. — Rémunération :					
précisée					
non précisée					
gains fixes					
gains variables					
5. — Prise de contact :					
écrire					
téléphoner					
se présenter					

BOULOT

Propose

BOUTIQUE DE GESTION DE PARIS recrute salarié(e) à temps plein. Diplômes : gestion, comptabilité, informatique, droit. Expérience : entreprises, coop, ass. Adresser CV détaillé à BGP 95 Bd Voltaire 75011 Paris

1000F/JOUR POSSIBLE Tél. 208 68 96 ou se présenter à 10H RENA-WARE 8 Pierre Dupont Paris 75010

URGENT ASSOCIATION cherche musiciens(nes) pour animation enfants, plein air, tout le mois d'août. Tél. 051 53 15 de 9 à 18H

RECHERCHONS JG JF étudiants voulant bosser juillet, août, on propose travail sympa, vente facile, déplacements plusieurs jours possible, payé chaque jour. Venir aujourd'hui de 14 à 17H au BOLERO 17 Place de la Nation. M. GERARD

TAPER A LA MACHINE Propose travail administratif et petit secrétariat à mi-temps pour personne sachant taper à la machine pour la durée des vacances. Contacter B. BAILLEUL 345 46 67

IV. Comparons 2 annonces :
L'annonce n° 1 est la plus classique et la plus sérieuse.
Comparez-la avec l'annonce 4, en répondant par des phrases.

n° 1

n° 4

L'employeur existe.
Il a un nom et une adresse.
Il propose un travail défini et fixe.
Il demande des diplômes et une expé-
rience professionnelle.
Il veut recevoir un curriculum vitae.

. . . .
. . . .
. . . .
. . . .
. . . .
. . . .

L'annonce 4 est sans doute l'annonce la plus sympa. Essayez de dire pourquoi.
Regardez bien les mots employés.

199

● **Expressions imagées**

Cherchez le sens précis de ces expressions imagées en faisant correspondre chaque expression à une des définitions figurant dans le cadre ci-dessous. (Si nécessaire, utilisez un dictionnaire.)

> être sans argent, être tout blanc, être sans énergie, être très sale, être très strict, être très grand, être très beau, être très rusé, être très paresseux, avoir beaucoup d'argent, parler tout le temps

être malin comme un singe : . . . .
être long comme un jour sans pain : . . . .
être raide comme la justice : . . . .
être beau comme un astre : . . . .
être sale comme un cochon : . . . .
être mou comme une chiffe (= un chiffon) : . . . .
être feignant comme une couleuvre : . . . .
être bronzé comme un cachet d'aspirine : . . . .
être riche comme Crésus : . . . .
être pauvre comme Job : . . . .
être bavard comme une pie : . . . .

● **« Quarante femmes... »**

Lyon : quarante femmes à la conquête du marché du travail

Elles sont 40. Age : de 35 à 45 ans. Elles avaient toutes interrompu leur activité professionnelle pour élever leurs enfants, «par choix» précisent-elles. Les enfants élevés, elles ont eu envie de reprendre un emploi «pour participer à la vie active» pour reprendre pied dans la vie économique et même pour faire une carrière». Toutes ont été motivées par une formation commerciale et se sont inscrites à un stage «Faire Face», option assistante commerciale ou administrative.

«Ces stages ont été créés par la Chambre de commerce pour répondre à la demande des entreprises qui ont besoin de femmes qualifiées.

Une réunion d'information aura lieu le 27 janvier à 18 h 30 au CEPC.

Renseignements Centre d'étude et de perfectionnement commercial, 1, rue Gorge-de-Loup, Lyon. Tél. 883.56.09.

Cet article parle d'un groupe de femmes.
Sur ce modèle, vous allez parler d'une des stagiaires, en utilisant au maximum les informations données par l'article :

Elle s'appelle Martine Dupuis. Elle a 42 ans, est mariée et a trois enfants. Elle avait . . . .
. . . .
. . . .

Nom : *Martine Dupuis*
Age : *42 ans*
Situation de famille : *Mariée, 3 enfants (10, 13 et 14 ans)*
Ancienne profession :
Secrétaire (de 20 à 27 ans)
Stage suivi :
Assistante commerciale
But :
Retrouver un emploi.

Vous allez ensuite rédiger un petit article sur un stage de recyclage à partir des informations ci-dessous :

Organisateur du stage : Centre pour le développement de l'informatique, 88, boulevard Arago - 75014 PARIS.
Réunion d'information le 1er avril à 16 h.
Nombre de participants : 20.
Age : 40 à 50 ans.
Anciennes professions : Cadres administratifs.
Situation professionnelle actuelle : Chômage (licenciement économique).
But du stage : Connaissance des techniques informatiques de gestion.

Récrivez cette biographie de Louis Hémon en partant de la date de la rédaction de Maria Chapdelaine: «Louis Hémon a écrit *Maria Chapdelaine* en 1912...».
Vous emloierez le plus-que-parfait pour parler de ce qui s'est passé avant 1912: «Il était né...». *et le futur pour ce qui s'est passé après.*

Louis Hémon (1880-1913). Né à Brest (Bretagne), romancier. Il fait ses études à Paris où il obtint de la Sorbonne une licence en droit et un diplôme de langues orientales vivantes. Juste après son séjour londonien (1902-1911), il s'installe à Montréal, où il travaille comme sténographe bilingue. En 1912, il habite à Saint-Gédéon et à Péribonka, dans la région du lac Saint-Jean. Il y rédige *Maria Chapdelaine* (1914), l'un des romans les plus marquants au Québec. Il meurt tragiquement dans un accident de chemin de fer à Chapleau (Ontario) à l'âge de 33 ans. Proclamé «docteur honoris causa post mortem» de l'Université de Montréal en 1939.

Œuvres: La Belle que voilà (1923), *Collin-Maillard* (1924), *Battling Malone, pugiliste* (1925), *Monsieur Ripois et la Nimésis* (1950) et, bien sûr, *Maria Chapdelaine* (1914).

D. JEUX

202 ● **Mots croisés**

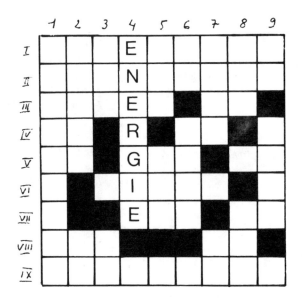

Horizontalement:
I. Quitter son appartement. II. On en fait pour les dépenser ensuite. III. Un carré en a quatre. Déesse (épelé). IV. Dans l'école. A la fin de l'année. V. Les 2/3 de la rue. La moitié du gâteau. Participe passé de pouvoir. VI. Celui du Bengale est célèbre. VII. Trois fois la même voyelle! Pour les réfléchis. VIII. Demi guinée. Article indéfini. IX. S'installer dans un nouvel appartement.

Verticalement:
1. Qui n'a plus de courage. 2. Tous les enfants y vont. Dans humide. 3. Celui de Cambronne est très célèbre. Note de musique à l'envers. 4. Ne cherchez pas: on vous l'a donné. 5. possessif. Il est impoli de demander celui d'une dame. 6. Début de l'amour. Le verbe le plus irrégulier de la langue française. 7. A écrit *l'Immoraliste, La Porte Etroite, les Caves du Vatican*. Ne veut rien dire sans P devant. 8. Terminaison féminin pluriel. Bien apprise. 9. Fin de Mars. Pas facile.

● **Rébus**

Attention! celui-ci est très difficile

STE. CATHERINE

● **Humour**

— Moi je rêve de gagner 5 millions au loto, comme
mon cousin.
— Ton cousin a gagné 5 millions au loto?
— Non, mais il en rêve aussi!

E. TEXTES

Sans faute

(Codicille[1])

C'est ma faute
c'est ma faute
c'est ma très grande faute d'orthographe
voilà comment j'écris
giraffe[2].

J'ai eu tort d'avoir écrit cela autrefois
je n'avais pas à me cuipabiliser[3]
je n'avais fait aucune phaute d'orthografe
j'avais simplement écrit giraffe en anglais.

Jacques PRÉVERT, *Choses et autres*, Gallimard

1. Au sens courant : précision ou rectification ajoutée à un testament.
2. Orthographe correcte : girafe.
3. Me sentir coupable, fautif.

À IMITER
Sur une autre faute d'orthographe amusante (et volontaire ou excusable).

Un homme, une femme

206

Paroles Pierre Barouh. Musique Francis Lai. Éd. 23
Interprète : Nicole Croisille

Comme nos voix
Chantent tout bas
Nos cœurs y voient
Comme une chance
Comme un espoir
Comme nos voix
Nos cœurs y croient
Encore un' fois
Tout recommence
La vie repart
Combien de joies
Combien de drames
Mais voilà
C'est une longue histoire
Un homme, une femme
Ont forgé la trame
Du hasard
Comme nos voix
Nos cœurs y voient
Encore un' fois
Comme une chance
Comme un espoir
Comme nos voix
Nos cœurs en joie
Encore un' fois
Une romance
Qui passera
Chance qui passera
Chance pour toi et moi
Toi et moi...

À EXPLIQUER

*Que raconte cette chanson L'histoire d'une rencontre,
d'une rupture?
Quels sont les personnages de cette chanson?
Qui sont-ils? Des enfants, des adultes?
Expliquez pourquoi.
Connaissez-vous le film de Claude Lelouch où est
chantée cette chanson?
Si oui, pouvez-vous en raconter l'histoire en quelques
lignes?
Si vous ne l'avez pas vu, imaginez une histoire à partir
de cette chanson.*

Unité 3, LEÇON 3

A. GRAMMAIRE ET ORTHOGRAPHE

• **Le subjonctif**

207

I. Transformez les phrases suivantes en utilisant le subjonctif à la place de l'infinitif.

Il faut venir nous voir → Il faut que vous veniez nous voir.

1. — Il faut partir avant la nuit, nous sommes déjà en retard.
2. — Il faut continuer votre travail jusqu'au bout.
3. — Il faut garer ta voiture dans le parking.
4. — Il faut laisser jouer vos enfants.

II. Complétez les phrases suivantes en conjuguant les verbes proposés à l'infinitif, au 208 *subjonctif ou à l'indicatif, selon les cas.*

1. — Je ne veux pas que tu lui (dire) quand tu iras le voir.
2. — Je regrette que vous (partir) maintenant.
3. — Elle veut que sa chambre (être) prête à son arrivée.
4. — Demande-lui qui (venir) dîner ce soir.
5. — Elle désire que vous lui (raconter) vos vacances.
6. — Elle déteste qu'on (parler) en même temps qu'elle.
7. — J'aime que vous m' (écouter) quand je parle.
8. — Je ne pense pas qu'elle (vouloir) venir avec nous.
9. — Il faut absolument que vous (passer) nous voir.
10. — Il vaut mieux qu'elle (faire) son travail ce soir.
11. — Nous espérons que vous (revenir) bientôt.
12. — Je ne l'aime pas beaucoup bien qu'il (être) assez gentil.
13. — Votre père veut que vous (rentrer) avant 11 heures!
14. — Il est important que nous (savoir) la date de votre départ.

III. Transformez la phrase entre parenthèses comme dans le modèle. 209

Lui   — J'ai très mal au dos. Je crois que c'est le tennis.
Elle — (Il vaut mieux que tu abandonnes ce sport.)
        → Abandonne ce sport, ça vaudra mieux.

Lui   — Pas question, j'ai bien l'intention de continuer à jouer.
Elle — (Il vaut mieux que tu arrêtes de jouer pendant quelque temps.) → . . . .

Lui   — J'irai voir un médecin un de ces jours.
Elle — (Il vaut mieux que tu y ailles le plus vite possible.) → . . . .

Lui   — Je vais téléphoner à mon médecin.
Elle — (Il vaut mieux que tu consultes un spécialiste.) → . . . .

Lui   — Je vais prendre ma voiture et aller tout de suite à l'hôpital.
Elle — (Il vaut mieux que tu prennes un taxi.) → . . . .

Lui   — Aïe! J'ai très mal quand je me redresse.
Elle — (Il vaut mieux que tu restes allongé.) → . . . .

IV. *Un professeur conseille ses élèves :* « Lisez des bandes dessinées françaises, des journaux. Allez voir des films français chaque fois que c'est possible. Essayez de rencontrer des Français et de parler avec eux. Au bout d'un an, vous pourrez vous débrouiller en français ! »

Récrivez ce que dit le professeur en utilisant : il faut que + subjonctif.
Il faut que vous lisiez...

Un élève raconte au style indirect ce que leur a conseillé le professeur.
Il nous a conseillé de lire...

V. *Récrivez cette lettre en conjuguant tous les verbes à l'infinitif entre parenthèses :*

Cher Monsieur,
J'aimerais que vous (répondre) à notre proposition de travail le plus **tôt** possible. En effet, il est très important que j'(avoir) votre **réponse** très vite car à la fin de la semaine, il faut que je (prendre) ma décision. Il serait souhaitable que vous (être) présent le jour où **se** réunira l'assemblée générale. Je veux, à ce moment-là, que tous les membres de notre société (savoir) dans quelle direction travailler. Il faut aussi que vous nous (faire) parvenir votre curriculum vitae.
Veuillez agréer, Monsieur, l'expression de mes sentiments distingués.

● **Préfixes et suffixes**

En vous aidant du dictionnaire, et à partir des verbes ci-dessous, cherchez l'adjectif formé avec le préfixe IN- et le suffixe -ABLE.

Faites une phrase avec chacun des adjectifs :

Terminer	*interminable : Ce discours était interminable.*
Oublier	. . . .
Accepter	. . . .
Manger	. . . .
Boire	. . . .
Transporter	. . . .
Croire	. . . .
Supporter	. . . .

(Attention aux verbes commençant par M ou B ! Que devient le préfixe IN- ?)

B. COMPRÉHENSION ET ANALYSE

● **« Parties de sucre »**

(Vous avez vu la photo d'une partie de sucre page 107 de votre livre)

I. Lisez les deux textes suivants :

Au Québec, chaque saison est marquée par des amusements particuliers. Au printemps, ce sont les « parties de sucre » dans les érablières : quand la neige commence à fondre, c'est-à-dire à la fin de mars ou au début d'avril, les cultivateurs « font les sucres ». Des seaux sont fixés aux érables dont on perce le tronc ; la sève y coule goutte à goutte. On se rend en groupe à la « cabane à sucre », au milieu des bois. Pour fabriquer le sirop, il s'agit de faire bouillir l'eau d'érable dans de grands bassins pendant quelques heures. C'est l'occasion de repas, de danses et de chansons.

(Extrait de **Comment vivent les Québécois,** civilisation Hachette)

Au printemps, quand la sève monte dans les érables, le citadin et l'habitant ne rateront pas l'occasion d'une « partie de sucre », où l'on recueille le fameux sirop, mais surtout où l'on va avec toute sa « gang », tout son clan, tous ses copains, manger des « oreilles de Christ », des « binnes » et des crêpes, le tout arrosé d'un nombre indéterminable mais imposant de pintes de bière, de rye ou d'autres breuvages.

(Extrait de **Québec,** par Philippe Meyer, Le Seuil)

II. Comparez les deux textes en relevant dans chaque texte les éléments d'information donnés sur la saison, le lieu des « parties », la technique, le type de participants, le but des « parties » et ce qu'on y fait.

III. Dans quel texte trouve-t-on le plus de renseignements sur :
— le lieu où on « fait les sucres » ?
— la manière de « faire les sucres » ?
— les gens qui vont aux « parties de sucre » ?
— ce que font les invités ?

Le Canada a un handicap : son voisin lui fait de l'ombre.
L'Amérique est l'arbre qui cache la forêt canadienne, les bois, les rivières, les côtes, les parcs nationaux, et même les Rocheuses. Dans les catalogues de voyages, il n'y en a que pour les États-Unis. On trouve, par exemple, des dépliants de vols sur Montréal et New York titrés « U.S.A. » à l'appui d'une carte des États-Unis. Les professionnels maltraitent le Canada. On trouve des formules « Drive + Sleep au Québec », alors que les Français fréquentent à 60 % cette province parce qu'on y parle français.

Le Monde - **Voyage sur les 5 continents.**
Février 83

Choisissez la bonne réponse

1. — Le handicap du Canada c'est que :
     — les États-Unis sont plus grands que lui.
     — Les États-Unis sont plus intéressants que lui.
     — On parle plus des États-Unis que du Canada.
2. — « Dans les catalogues, il n'y en a que pour les États-Unis » signifie :
     — Il n'y a pas de catalogues sur le Canada.
     — Les catalogues parlent plus des États-Unis que du Canada.
     — Il y a moins de catalogues sur les États-Unis que sur le Canada.
3. — Quand un catalogue titre « U.S.A. : Montréal et New York » :
     — On a l'impression que Montréal se trouve aux États-Unis.
     — C'est pour encourager les gens à aller au Canada.
     — C'est pour dire « Allez d'abord à Montréal et ensuite à New York ».

C. EXPRESSION

215

Protégez votre téléviseur

UNE CENTAINE d'implosions par an en France pour près de 20 millions de récepteurs : l'accident reste rare, mais nul n'est à l'abri. Pourtant, des précautions peuvent être prises.

L'implosion, c'est d'abord le contraire d'un éclatement. Le tube cathodique est une espèce de grosse ampoule de verre vide d'air. Lorsque cette ampoule connaît une défaillance et que sa résistance faiblit – soit parce que le verre est fêlé par suite d'un choc, soit parce qu'il y a surchauffe du fait d'un court-circuit – la pression normale de l'air ambiant provoque l'écrasement du tube. Écrasement violent au cours duquel les divers éléments en présence s'entrechoquent et se transforment en projectiles puissants. L'incendie qui précède ou suit l'accident provoque aussi des dégagements de gaz nocifs, asphyxiants, du fait des matériaux en plastique que contient le poste.

Les précautions ?

Tout d'abord, soignez l'aération du poste. Ne jamais obturer les orifices de ventilation, à l'arrière ou sous le poste. Le poste ne doit être posé ni sur un coussin ni sur une couverture. Pas de napperon, pas de linge. Un espace suffisant ; à au moins cinq centimètres du mur.

Pas d'étagère au-dessus, à moins de dix centimètres. Pas de revues ou de journaux sous le poste. Pas de téléviseur encastré dans un espace fermé. De l'air, toujours de l'air... Dépoussiérez ! Evitez les chocs. Evitez aussi toute possibilité de court-circuit. Le poste doit être loin de toute humidité. Ne le placez pas dans la salle de bains. Ne posez sur le poste ni plante verte qu'on arrose, ni fleurs, ni aquarium, ni bougie qui risque de couler.

Enfin, si votre poste prend de l'âge, le coup d'œil du spécialiste peut être le bienvenu.

Des signes avant-coureurs ? Tout grésillement inhabituel, toute odeur de brûlé, toute fumée, toute saute d'image anormale. Dans de tels cas, le premier geste : débranchez la prise. Surtout, surtout, n'essayez pas de jeter de l'eau sur un téléviseur qui fume. Ce serait la catastrophe ! Si rien ne s'est produit, appelez le réparateur, le spécialiste. Fuyez le bricolage.

En cas d'orage, débranchez l'antenne et la prise de courant de votre téléviseur.

Télégramme de Brest
21 octobre 83

● Votre téléviseur

Lisez la partie de l'article concernant les précautions à prendre pour éviter l'implosion d'un téléviseur.

1. — A partir de « Tout d'abord » jusqu'à « qui risque de couler », réécrivez toutes les phrases en employant « il faut que » ou « il ne faut pas que ».

Tout d'abord, il faut que vous soigniez l'aération du poste. Il ne faut pas que vous obturiez les orifices de ventilation. (*continuez*)...

2. — Vous apprenez bien des choses sur des précautions à prendre : certaines que vous connaissiez déjà, d'autres que vous ne connaissiez pas. Pour les premières, vous ferez des phrases en employant le verbe s'étonner + subjonctif

« Je m'étonne que des gens posent leur poste sur un coussin ou une couverture. »

(*continuez*)...

Pour les secondes, vous commencerez vos phrases par « Je ne savais pas qu'il ne fallait pas (ou qu'il fallait). »

« Je ne savais pas qu'il ne fallait pas poser de napperon sur un poste. »

(*continuez*)...

216

● Le train le plus haut du monde

Vous avez pris ce train. Vous écrivez à un ami qui veut lui aussi faire ce voyage et vous lui donnez des conseils.

Employez : Je te conseille - il faut que - il vaut mieux que - il est préférable de/que - il est prudent de - il est utile que/de.

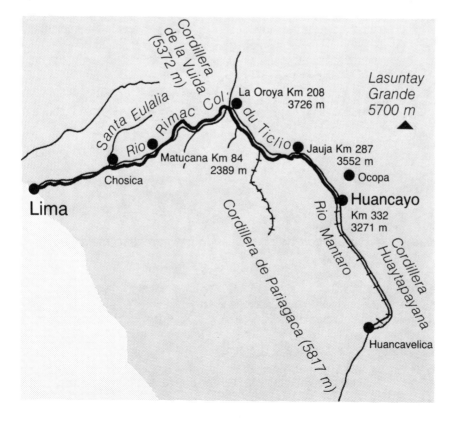

Par le train le plus haut du monde

3 jours. Départ Lima : 7 h 40 ; arrivée Huancayo : 16 h 30. Retour, départ Huancayo : 7 h ; arrivée Lima : 16 h. Quotidien, sauf dimanche. Réservation impérative : Ferrocarril Central del Peru, Estacion Desamparados. Partir le samedi pour assister au marché dominical. Environ 5 dollars l'aller en première. Eviter les secondes. Outre les risques de vols, les voyageurs sont tassés dans des compartiments aux fenêtres minuscules. Choisir une place côté quai pour bénéficier du plus beau point de vue. Train à voie normale, avec wagons de bois, dotés de plates-formes extérieures, que parcourent des serveurs chargés d'œufs au plat et de poissons frits.
Au bout d'une heure, le train aborde la montagne pelée. C'est le moment de prendre une tablette de Coramine glucose pour affronter l'altitude, qui va alors croître rapidement. 664 m en 22 km après **Chosica**, 862 m en 23 km après **Matucana**.

D. JEUX

217 ● **Mots croisés**

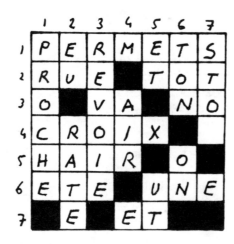

Cette fois, à vous de rédiger les définitions (en vous aidant d'un dictionnaire).

218 ● **Jeu des allumettes**

Que faut-il faire pour rétablir l'égalité?
Décrivez toutes les manipulations:
« Il faut d'abord... »

219 ● **Rébus**

220 ● **Citations célèbres**

Complétez ces citations avec la conjonction de coordination qui convient (mais / ou / et / donc / or / ni / car)

« Je pense, ... je suis. » (Descartes)
« Être . . . . ne pas être, voilà la question. » (Shakespeare)
« L'homme n'est qu'un roseau ; le plus faible de la nature. . . . . c'est un roseau pensant. » (Pascal)
« L'homme n'est . . . . ange, ... bête. » (Pascal)
(et un syllogisme bizarre)
Un cheval rare est cher. . . . . un cheval « bon marché » est rare, ... un cheval « bon marché » est cher.

94

L'HIVER

Voilà les qualités de l'hiver: il a été beau et bon et bien long. Il a été beau, car il a été blanc comme neige, sans crottes[1] et sans pluie. Je ne sais s'il a plu trois fois en quatre ou cinq mois, mais il a souvent neigé. Il a été bon, car le froid y a été rigoureux; on le tient pour l'un des plus fâcheux qui ait été depuis longtemps. Il y avait partout quatre ou cinq pieds de neige, en quelques endroits plus de dix, devant notre maison, une montagne; les vents la rassemblant, et nous d'un autre côté, la relevant pour faire un petit chemin devant notre porte, elle faisait comme une muraille toute blanche, plus haute d'un pied ou deux que le toit de la maison. Le froid était parfois si violent que nous entendions les arbres se fendre dans le bois, et en se fendant, faire un bruit comme des armes à feu. Il m'est arrivé qu'en écrivant tout près d'un grand feu, mon encre se gelait, et par nécessité, il fallait mettre un réchaud plein de charbons ardents; autrement j'eusse trouvé de la glace noire au lieu de l'encre.

Paul Lejeune (**Relation des Jésuites** - 1936)

À EXPLIQUER

Vous envisagez de vous rendre au Québec en hiver. Ce texte vous renseigne-t-il mieux ou moins bien que l'interview d'Anne-Marie? Pourquoi?

LE PRINTEMPS

Le temps a laissé son manteau
De vent, de froidure et de pluie,
Et s'est vêtu de broderie,
De soleil luisant, clair et beau.

Il n'y a bête, ni oiseau,
Qu'en son jargon ne chante ou crie:
Le temps a laissé son manteau
De vent, de froidure et de pluie.

Rivière, fontaine et ruisseau
Partout en livrée jolie,
Gouttes d'argent, d'orfèvrerie;
Chacun s'habille de nouveau.
Le temps a laissé son manteau
De vent, de froidure et de pluie.

À RÉCITER

Charles d'ORLÉANS (1391-1415)
Anthologie des écrivains français des XVᵉ et XVIᵉ siècles.
(LAROUSSE, éditeur, Paris).

MINI-LEXIQUE

la froidure: le froid.
le jargon: le langage difficile à comprendre.
la livrée: le costume que les seigneurs fournissaient aux hommes de leur suite.
l'orfèvre (m): celui qui travaille l'or, qui fait des bijoux.
l'orfèvrerie (f): l'objet en or travaillé, le bijou.

Le grand Meaulnes

223

un braconnier : celui qui pêche ou chasse sans permission.

le sent-y-bon : expression familière pour parfum (ce qui sent bon).

le dahlia, la pintade : une sorte de fleur, une sorte d'oiseau de basse-cour, assez rares en France à cette époque car ils étaient originaires d'autres continents.

un cocher : celui qui conduit les chevaux d'une voiture de place.

La famille vivait dans une grande cuisine dont la porte s'ouvrait sur le magasin — cuisine où brillaient aux fins de septembre de grandes flambées de cheminée, où les chasseurs et les <u>braconniers</u> qui vendaient du gibier à Florentin venaient de grand matin se faire servir à boire, tandis que les petites filles, déjà levées, couraient, criaient, se passaient les unes aux autres du « <u>sent-y-bon</u> » sur leurs cheveux lissés. Aux murs, de vieilles photographies, de vieux groupes scolaires jaunis montraient mon père — on mettait longtemps à le reconnaître en uniforme — au milieu de ses camarades d'École Normale.

C'est là que se passaient nos matinées; et aussi dans la cour où Florentin faisait pousser des <u>dahlias</u> et élevait des <u>pintades</u>; où l'on torréfiait le café, assis sur des boîtes à savon; où nous déballions des caisses remplies d'objets divers précieusement enveloppés et dont nous ne savions pas toujours le nom...

Toute la journée, le magasin était envahi par des paysans ou par les <u>cochers</u> des châteaux voisins. A la porte vitrée s'arrêtaient et s'égouttaient, dans le brouillard de septembre, des charrettes, venues du fond de la campagne. Et de la cuisine nous écoutions ce que disaient les paysannes, curieux de toutes leurs histoires...

ALAIN-FOURNIER
Le Grand Meaulnes

À IMITER
Écrivez un texte sur le thème: « Dans la maison de mon enfance... »

Unité 3, LEÇON 4

A. GRAMMAIRE ET ORTHOGRAPHE

224

• Subjonctif

I. Récrivez cette lettre en utilisant des subjonctifs.

Je suis contente que tu répondes... Il faut que... Il n'est pas inutile aussi que... Surtout, il est très important que...

Chère Caroline,
Tu réponds enfin à ma lettre ; tu viens passer quelques jours avec nous. Prends des pulls bien chauds (ici, il fait froid) et quelques livres. Apporte aussi, si tu peux, quelques provisions. Nous n'avons jamais assez à manger ici ! Surtout, arrive avant la nuit car la route peut être dangereuse.
A bientôt.

II. Complétez les phrases et dites quel mode vous employez (indicatif ou subjonctif)

225

1. — courir	Il veut que je coure le 100 mètres (subjonctif) Il croit qu'elle . . . . pour gagner (indicatif)
2. — étudier	Lorsque vous . . . . , vous avez de bons résultats Il est important que vous . . . . !
3. — voir	Il est sorti pour que tu le . . . . ! Est-ce que tu le . . . . souvent en ce moment ?
4. — partir	Il est souhaitable qu'on . . . . avant la nuit. Il fait toujours nuit quand on . . . .

III. Sondage — VOUS ET LES AUTRES

226

	FRÉQUENCE		RÉACTIONS		
	Rare	Pas rare	Je déteste	J'adore	Ça ne me gêne pas
Votre ami(e) va au cinéma sans vous.					
Des copains passent chez vous à minuit.					
Vous passez chez des copains à minuit.					
On vous dit ce qu'on pense de vous.					
On vous dit que vous êtes quelqu'un de formidable.					
On vous offre un magnifique cadeau.					
pour votre anniversaire.					
On vous offre un cadeau bon marché.					

Répondez en fonction de la grille de réponse, comme dans le modèle. Attention, il faudra relier les deux propositions par et *ou par* mais. *A vous de choisir.*

Je déteste que mon amie aille au cinéma sans moi, mais il est rare qu'elle le fasse.
Ça ne me gêne pas que . . . . et il n'est pas rare qu'ils le fassent.

● **Condition / hypothèse**

Faites correspondre les éléments A et B de façon à construire des phrases ayant un sens (hypothétique).

A	B
1. — Je m'en vais.	1. — S'il passe son temps à ne rien faire,
2. — Elle n'aimera pas jouer au hockey !	2. — Si vous trouvez cela sans intérêt,
3. — Tu dois le reconnaître.	3. — S'il n'est pas là à 7 heures,
4. — Partez !	4. — S'il est parmi eux,
5. — Il ne sautera pas !	5. — Si elle n'est pas sportive,
6. — Il doit s'ennuyer.	6. — S'il a peur,

B. COMPRÉHENSION ET ANALYSE

● **Les Chinois et le cinéma**

Après avoir lu cet article, donnez des informations précises (chiffres) sur le cinéma en Chine.

Le moins cher pour le plus grand nombre

LES Chinois sont très friands de cinéma. On a décompté, cette annnée, plus de soixante-dix millions d'entrées par jour dans environ cent vingt mille unités de projection.

Une unité de projection n'est pas une salle de cinéma telle qu'on l'imagine en Occident. Il s'agit, dans la quasi-totalité des cas, de locaux ouverts aux spectateurs par les unités de travail ou de quartier et dont l'équipement n'est pas spécifiquement destiné à des projections cinématographiques. Parmi ces unités de projection, un peu plus de quarante mille se trouvent dans les villes — dont quelque deux mille sept cents sont de véritables salles de cinéma (quatre-vingt-dix-neuf seulement pour Pékin) — et quatre-vingt mille en milieu rural. A la campagne, des équipes techniques itinérantes s'installent la plupart du temps dans des locaux officiels où chaque spectateur doit, presque toujours, apporter son tabouret.

Le prix des places, très modique, varie de 5 à 25 centimes

Le Monde. 13 mai 1983.

— *Nombre de vrais cinémas en Chine*
— *Nombre d'unités de projection*
— *Rapport entre le nombre d'unités de projection en ville et à la campagne*
— *Nombre d'entrées par jour*
— *Prix des places*

● **Téléindigestion**

Comment prévenir la téléindigestion?

Téléindigestion : maladie chronique. Le téléspectateur se nourrit mal. A raison de 25 heures par semaine, il finit par succomber, victime de sa boulimie incohérente. Pour manger frais, bon et léger : Télérama. De quoi se composer au jour le jour un menu équilibré. Sans fadeur. Sans mauvaise surprise. Pour chaque jour de la semaine, chaque émission, chaque film s'y trouvent analysés, commentés. Et si vraiment l'indigestion vous menace, si le dégoût vous prend, Télérama vous invite à aller au cinéma, à écouter un bon disque ou à ouvrir un nouveau bouquin. Le cœur, l'estomac légers.

I. Choisissez la bonne réponse

1. — Cet article est une publicité □ une information □
2. — *Télérama* est un hebdomadaire médical □ d'information □ politique □
3. — Dans *Télérama* on trouve des articles sur l'alimentation □ la santé □ les spectacles □
4. — L'article s'adresses à des médecins □ des téléspectateurs □ des malades □
5. — Téléindigestion signifie que la télévision est mauvaise □ que le téléspectateur consomme trop de télévision □ qu'il faut être malade pour regarder la télévision □

II. Vocabulaire utilisé

Inscrivez + ou − à côté de chaque mot ou expression.
Vous mettrez + pour les mots positifs, − pour les mots négatifs, comme dans les exemples.

indigestion − , se nourrit mal, succomber   , victime   , boulimie   , incohérente
manger bon + , frais, léger   , menu équilibré   , sans fadeur   , mauvaise surprise
menacer − , dégoût   , bon disque   , le cœur, l'estomac légers

III. Le texte contient quatre parties :
□ *une série de −*
□ *une série de +*
□ *une autre série de −*
□ *une autre série de +*
Essayez de dire de quoi parle chaque partie.

C. EXPRESSION

230 ● **Bateau à louer**

I. Lisez cet article et complétez les phrases

Si vous cherchez une idée de week-end ....
Si vous avez 1 800 F à dépenser ....
Si vous êtes 8 personnes ....
Si vous voulez des renseignements ....

II. Rédaction: Avec quelques amis, vous chercherez une idée originale de week-end au mois de juillet.
Vous venez de lire cet article. Vous écrivez une courte lettre pour en parler.

Louez un bateau

■ Si vous avez envie de vous promener sur la Seine vous pouvez louer — avec ou sans permis — un bateau de plaisance, à la journée, pour le week-end, à la semaine ou pour 15 jours au Port de l'Arsenal, ancien bassin commercial de la Bastille, réhabilité en port de plaisance d'une capacité de 230 places. Exemple pour un week-end: petit bateau: 8 mètres, 4 personnes en juillet et août 1 800 F. Un grand bateau: 10 mètres, 8 personnes, en juillet et août 3 000 F.

Europe Yachting, 7, rue Saint-Lazare, 75009 Paris. Tél.: 526.10.31. De 9 h à 13 h et de 14 h à 18 h.

Figaro Madame
2 juillet 83

231 ● **Faire-part**

Voici deux faire-part

Catherine et Michel Bisiaux
et Clémentine
ont la joie de vous annoncer la naissance de

Adrien

le 25. Mars 1984

Monsieur et Madame Hassan Gharbi
Monsieur et Madame Jean Tuffigo
ont l'honneur de vous faire part du mariage
de leurs enfants

Wassila et Jean-Claude

La Bénédiction Nuptiale leur sera donnée
le Samedi 8 Avril   à 15 heures, en l'église de
Plouharnel - Morbihan.

Vous êtes l'heureux père ou l'heureuse mère de...
On vous a invité au mariage de ...
Avec un bébé aussi petit vous ne pouvez y aller.
Vous répondez pour vous excuser.

Faites la lettre en employant:
Je suis ravie / heureux / content...
Je suis désolé... Je regrette...
J'avais envie de... mais j'ai peur que...

D. JEUX ──────────────────────────────

● **Mots croisés**   *A l'aide du dictionnaire, écrivez les définitions des mots de cette grille :*   232

● **Pensée codée**   233

A chaque lettre de l'alphabet correspond un nombre.
Retrouvez la pensée de cet auteur et son nom.

Pour croire en Dieu, cet auteur proposait :

« 32 18   44 30 42 38   14 2 14 28 10 54,   44 30 42 38   14 2 14 28 10 54   40 30 48 40   32 18
    44 30 42 38   32 10 36 8 10 54,   44 30 48 38   28 10   32 10 36 8 10 5 4   36 18 10 28 »
32 2 38 C 2 L

● **Devinettes**   234

   I — Un morceau de bois mesure 2 m.
       Si un autre morceau de bois est une fois et demi plus long,
       Combien mesure-t-il ?

   II — Si une horloge sonne 6 heures en 5 secondes, combien de temps lui faut-il pour
       sonner midi ?

  III — Si un homme sort de chez lui et fait 5 km vers le sud ; 5 km vers l'ouest et 5 km vers le
       nord et se retrouve chez lui, où est-il ?

● **Beaucoup de mots en un seul**   235

Combien de mots (noms communs) pouvez-vous écrire avec les lettres suivantes ?
Vous trouverez même un mot qui contient toutes les lettres (aidez-vous d'un dictionnaire).

E L M I A N E D N   Y L I T E C E B C T

main,   lit,
miel...   lice...

O M P E R S D E A N   G E M L N O P T S

mer,   sel,
mère...   sol...

Si tu t'imagines

236

Si tu t'imagines
si tu t'imagines
fillette fillette
si tu t'imagines
xa[1] va xa va xa
va durer toujours
la saison des za
la saison des za
saison des amours
ce que tu te goures
fillette fillette
ce que tu te goures.
Si tu crois petit
si tu crois ah ah
que ton teint de rose
ta taille de guêpe
tes mignons biceps
tes ongles d'email
ta cuisse de nymphe
et ton pied léger
si tu crois petite
xa va xa va xa
va durer toujours
ce que tu te goures
fillette fillette
ce que tu te goures

Les beaux jours s'en vont
les beaux jours de fête
soleils et planètes
tournent tous en rond
mais toi ma petite
tu marches tout droit
vers sque tu vois pas
très sournois s'approchent
la ride véloce
la pesante graisse
le menton triplé
le muscle avachi
allons cueille cueille
les roses les roses
roses de la vie
et que leurs pétales
soient la mer étale
de tous les bonheurs
allons cueille cueille
si tu le fais pas
ce que tu te goures
fillette fillette
ce que tu te goures

Raymond QUENEAU,
L'Instant fatal, Gallimard

À RÉCITER

[1] langage populaire: que ça

LES VOIX

237

Dans les villes, il y aurait des merveilles dont Lorenzo Surprenant avait parlé, et ces autres merveilles qu'elle imaginait elle-même confusément: les larges rues illuminées, les magasins magnifiques, la vie facile, presque sans labeur, emplie de petits plaisirs. Mais peut-être se lassait-on de ce vertige à la longue, et les soirs où l'on ne désirait rien que le repos et la tranquillité, où retrouver la quiétude des champs et des bois, la caresse de la première brise fraîche, venant du nord-ouest après le coucher du soleil, et la paix infinie de la campagne s'endormant toute entière dans le silence?

«Ça doit être beau, pourtant!» se dit-elle en songeant aux grandes cités américaines. Et une autre voix s'éleva comme une réponse. Là-bas, c'était l'étranger: les gens d'une autre race parlant d'autre chose dans une autre langue, chantant d'autres chansons... Ici...

Tous les noms de son pays, ceux qu'elle entendait tous les jours, comme ceux qu'elle n'avait entendus qu'une fois, se réveillèrent dans sa mémoire: les mille noms que des paysans pieux venus de France ont donné aux lacs, aux rivières et aux villages de la contrée nouvelle qu'ils découvraient et peuplaient à mesure... lac à L'Eau-Claire... la Famine... Saint-Cœur-de-Marie... Trois-Pistoles... Sainte-Rose-du-Dégel... Pointe-aux-Outardes... Saint-André-de-l'Épouvante...

Eutrope Gagnon avait un oncle qui demeurait à Saint-André-de-l'Épouvante; Racicot, de Honfleur, parlait souvent de son fils qui était chauffeur à bord d'un bateau du Golfe, et chaque fois c'étaient encore des noms nouveaux qui venaient s'ajouter aux anciens: les noms de villages de pêcheurs ou de petits ports du Saint-Laurent, dispersés sur les rives entre lesquelles les navires d'autrefois étaient montés bravement vers l'inconnu... Pointe-Mille-Vaches... Les Escoumains... Notre-Dame-du-Portage... les Grandes-Bergeronnes... Gaspé...

Qu'il était plaisant d'entendre prononcer ces noms lorsqu'on parlait de parents ou d'amis éloignés, ou bien de longs voyages! Comme ils étaient familiers et fraternels, donnant chaque fois une sensation chaude de parenté, faisant que chacun songeait en les répétant: «Dans tout ce pays-ci, nous sommes chez nous... chez nous!»

Vers l'ouest, dès qu'on sortait de la province, vers le sud, dès qu'on avait passé la frontière, ce n'était plus partout que des noms anglais, qu'on apprenait à prononcer à la longue et qui finissaient par sembler naturels sans doute; mais où retrouver la douceur joyeuse des noms français?

Maria frissonna; l'attendrissement qui était venu baigner son cœur s'évanouit; elle se dit une fois de plus:

«Tout de même... c'est un pays dur, icitte. Pourquoi rester?»

Alors, une troisième voix plus grande que les autres s'éleva dans le silence: la voix du pays de Québec, qui était à moitié un chant de femme et à moitié un sermon de prêtre.

Elle vint comme un son de cloche, comme la clameur auguste des orgues dans les églises, comme une complainte naïve et comme le cri perçant et prolongé par lequel les bûcherons s'appellent dans les bois. Car en vérité tout ce qui fait l'âme de la province tenait dans cette voix: la solennité chère du vieux culte, la douceur de la vieille langue jalousement gardée, la spendeur et la force barbare du pays neuf où une racine ancienne a retrouvé son adolescence.

Elle disait:

«Nous sommes venus il y a trois cents ans, et nous sommes restés... Ceux qui nous ont menés pourraient revenir parmi nous sans amertume et sans chagrin, car s'il est vrai que nous ayons guère appris, assurément nous n'avons rien oublié.

Louis HÉMON,
Maria Chapdelaine

À EXPLIQUER

1. La personne qui parle habite-t-elle la ville ou la campagne ?
2. Quand elle imagine la ville, que voit-elle ?
3. Pour elle, où trouve-t-on le repos et la tranquillité ?
4. Quelle est l'origine des noms qui « se réveillent dans sa mémoire » ?
5. Que ressent-elle quand elle pense à ces noms ?
6. « Là-bas, c'était l'étranger. » De quel pays parle-t-elle ?
7. Le texte parle de plusieurs « voix ». Quelles sont ces voix ?

— Prenez un dictionnaire pour comprendre les mots difficiles.

Unité 3, LEÇON 5

A. GRAMMAIRE ET ORTHOGRAPHE

238

● **Subjonctif**

I. Complétez les quatre dialogues suivants avec les verbes proposés, en les mettant au subjonctif ou à l'indicatif.

1. — (avoir, être, pouvoir)

Pierre	— Un de mes amis anglais pense que la cuisine française .... la meilleure du monde.
Paul	— Moi, je ne pense pas qu'elle le .... ; je ne suis pas sûr qu'il n'y .... pas d'autres pays où on mange aussi bien qu'en France.
Pierre	— Tu as peut-être raison. On dit souvent que la vraie cuisine chinoise .... délicieuse.
Paul	— Je ne suis pas sûr qu'on .... vraiment la connaître en France!

2. — (être, comprendre)

Anne	— Je trouve que Truffaut .... le meilleur cinéaste français.
Lise	— Non, pas moi, je ne trouve pas que ce .... Truffaut; pour moi, c'est Godard.
Anne	— Je suppose que tu .... tous ses films?
Lise	— Je ne suis pas sûre que beaucoup de monde .... tout ce qu'a fait Godard, mais je veux dire que c'est le plus moderne de nos cinéastes.

3. — (connaître, pouvoir, voir)

Jean	— Je crois que je .... cette personne.
Luc	— Je ne pense pas que tu .... la connaître car elle vient juste d'arriver dans notre ville.
Jean	— Pourtant, j'ai l'impression que je l' .... déjà ....
Luc	— Non, c'est impossible, tu dois te tromper.

4. — (vouloir, venir)

Léa	— Je n'ai pas l'impression qu'il .... venir avec nous.
Julie	— Moi non plus. Je ne crois pas qu'il ....

239

II. Récrivez toutes ces phrases en mettant le premier verbe à la forme négative :

1. — Je crois que nous sommes à l'heure!
2. — J'imagine que vous voyagez beaucoup?
3. — Elle est certaine que nous la recherchons.
4. — J'ai l'impression qu'elle a du mal à s'intégrer dans l'équipe.
5. — Il veut que nous travaillions avec lui.
6. — Elle regrette que vous ne lui écriviez pas.
7. — Il faut absolument *que nous partions demain.*
8. — Elle est contente que vous ayez une bonne situation.
9. — Je pense *que je dois aller le chercher maintenant.*
10. — Elle trouve qu'il est ennuyeux.
11. — Il vaut mieux *que vous lui téléphoniez* à l'heure des repas.

□ *Sans changer le sens des phrases 7, 9 et 11, pouvez-vous remplacer les groupes en italique par autre chose ?*

□ *Pouvez-vous récrire la phrase 10 sans en changer le sens et en supprimant « qu'il est » ?*

□ *Dans les 11 phrases ci-dessus, classez les verbes ou expressions verbales qui sont toujours suivis du subjonctif.*

- **Nominalisation**   240

Remplacez les groupes de mots en italique en transformant le verbe en nom comme dans l'exemple :

Téléphone-moi dès *que tu arriveras.*
Téléphone-moi dès ton arrivée.

1. — Je serai à la maison avant *que tu ne reviennes.*
2. — Il a beaucoup changé depuis *qu'il s'est marié.*
3. — Elle est allée se coucher dès *que le film s'est terminé.*
4. — Va lui dire au revoir avant *que tu partes.*
5. — Il nous a invités tout de suite après *qu'il s'est installé.*
6. — Je l'attendrai jusqu'à *ce qu'elle arrive.*
7. — Il n'a pas arrêté de parler pendant *que nous voyagions.*

- **Expression de l'hypothèse**   241

si, au cas ou, à supposer que... **choisissez celui qui vous semble correct :**

1. — Prends ton parapluie . . . . il pleuvrait.
2. — Il est difficile de faire mieux . . . . on n'est pas un vrai champion.
3. — . . . . tu n'aurais pas mon adresse, écris-moi chez mes parents.
4. — Tu te sentirais mieux . . . . tu partais quelques jours à la campagne.
5. — . . . . il vienne, je ne veux absolument pas le voir.
6. — Dis-lui de m'appeler . . . . il vient.
7. — . . . . vous viendriez et que je ne sois pas là, demandez mes clés à la concierge.
8. — . . . . vous n'ayez rien à faire, venez m'aider.
9. — Que gagnerons-nous . . . . nous acceptions ?
10. — Que feriez-vous . . . . je partais ?

- **Prépositions, adverbes, etc.**   242

Choisissez les expressions correctes :

L'ami étranger qui habite chez moi a beaucoup *de/du* mal *pour/à* se débrouiller seul dans Paris. Dimanche, il cherchait une pharmacie ouverte et il n'arrivait pas *à/de* trouver celle qui était *de/en* garde ce jour-là. *A la fin/Enfin* il est rentré chez moi. J'ai regardé *dans/sur* le journal et lui ai dit qu'il y avait une pharmacie de garde à dix minutes *de/par* chez moi *en/à* pied. Je *l'/lui* ai accompagné jusqu'*ci/là*. Après, nous avons décidé *d'/à* aller nous promener *dans/par* Paris. C'était *très/beaucoup* agréable *parce que/à cause de* il n'y avait presque personne *dans/sur* les rues : *le/un* grand nombre de Parisiens étaient partis *en/au* week-end.

105

B. COMPRÉHENSION ET ANALYSE

243

● **Mise en garde**

MISE EN GARDE DU CONSEIL DE L'EUROPE

L'Assemblée parlementaire du Conseil de l'Europe réunie à Strasbourg le 27 septembre "a adopté à l'unanimité une recommandation nuancée qui tout en reconnaissant la nécessité de "réduire les exodes massifs et non programmés" de travailleurs étrangers, n'estime pas moins urgent de "réprimér les actes discriminatoires ou xénophobes". "S'inquiétant des préjugés croissant dans l'opinion publique européenne à l'égard des immigrés ("voleurs d'emplois", "bénéficiaires plus que d'autres de la sécurité sociale", "responsables de la montée de la délinquance"), M. Müller (rapporteur) a avancé plusieurs chiffres démontrant le non-fondé de ces accusations.

"Le chômage, a expliqué M. Müller, a progressé de 30 % dans les pays de la C.E.E., alors que l'ensemble de ceux-ci observent une politique de fermeture des frontières. Pourquoi, alors, rendre les immigrés responsables du non-emploi qui sévit en Europe?" De même, une étude réalisée récemment pour la caisse d'assurance maladie de Paris par M. Roland Beix (socialiste, France) a montré que, pour la période étudiée, les coûts de remboursement des dépenses de santé avaient été de 3 250 F. par immigré et de 3 820 F. par Français. Ce ne sont donc pas les étrangers qui mettent en péril les régimes sociaux. Quant à la criminalité, M. Müller a rappelé qu'on ne trouvait que 7,4 % d'étrangers en France parmi les condamnés par les cours d'assises, alors qu'ils représentent 9 % de la population.

Le Monde 30.9.83

Le Monde, 30 septembre 83

Répondez aux questions

— Quel est le thème de cet article?
  ● la réduction du nombre d'étrangers en Europe
  ● la xénophobie
  ● le chômage
— Quels sont les préjugés les plus courants à l'égard des immigrés dans les pays européens?
— Quels chiffres prouvent que ces préjugés ne correspondent pas à la réalité?

244

C. EXPRESSION

Suppositions

Si la Tour Eiffel montait
Moins haut le bout de son nez,
Si l'Arc de Triomphe était
Un peu moins lourd à porter,
Si l'Opéra se pliait,
Si la Seine se roulait,
Si les ponts se dégonflaient,
Si tous les gens se tassaient
Un peu plus dans le métro,
Si l'on retirait des rues
Les guéridons des bistrots,
Les obèses, les ventrus,

Les porteurs de grands chapeaux
Si l'on ôtait les autos,
Si l'on rasait les barbus,
Si l'on comptait les kilos
A deux cents grammes pas plus,
Si Montmartre se tassait,
Si les trop gros maigrissaient,
Si les tours rapetissaient,
Si le Louvre s'envolait,
Si l'on rentrait les oreilles,
Avec des SI on mettrait
Paris dans une bouteille.

Jacques CHARPENTREAU (né en 1928)
Les plus beaux poèmes pour les enfants, J. Orizet,
Éditions Le Cherche-Midi

1) Géographie de Paris
Complétez le tableau.
— *Quels mots évoquent la ville de Paris ?*
— *Classez ces mots en deux catégories : les monuments, le reste.*
— *Répondez comme dans le modèle. « Ils sont trop... »*

Monuments	Ils sont trop...
La Tour Eiffel	La Tour Eiffel est trop haute.
. . . .	. . . .
. . . .	. . . .
. . . .	. . . .
. . . .	. . . .
Le reste	
La Seine	La Seine est trop longue.
. . . .	. . . .
. . . .	. . . .
. . . .	. . . .

2) Les gens. De quelles particularités physiques des gens le texte parle-t-il ?
Complétez la phrase suivante : Pour mettre Paris dans une bouteille, il faudrait que les gens...

3) Parmi toutes ces suppositions, il y en a cinq qui ne sont pas impossibles. Lesquelles ?
Répondez en utilisant :
*Il n'est pas impossible que... **ou** Il n'est pas impossible de...*

4) Les deux derniers vers sont une expression habituelle, un proverbe. Que signifie ce proverbe ?
Donnez un exemple de circonstances où vous pourriez citer ce proverbe à quelqu'un.

● **Humour**

— Tu sais, si Molière vivait de nos jours, on le trouverait extraordinaire.
— Pourquoi ?
— Parce qu'il aurait 350 ans.

D. JEUX

"Des mots... des mots... des mots..."

● **Des mots dans tous les sens**

8 mots concernant le travail sont cachés dans cette grille. Attention : ils peuvent être écrits dans tous les sens et se lire de haut en bas ou de bas en haut, de droite à gauche ou de gauche à droite, et même en diagonale.

Définitions :
1. Quelquefois difficile à trouver : E. ...
2. Mot familier pour travail : B. ...
3. On est content quand on en obtient une : A. ...
4. Elle peut être bonne ou mauvaise : S. ...
5. On y est quand on a perdu son emploi : C. ...
6. On ne peut pas vivre sans : A. ....
7. Recevoir un salaire = T. ... un salaire.
8. Les gens veulent toujours G. ... plus d'argent.

```
A M H E N B O U L O T B I L G
N O D I E C P F P I N C E A A
S T R E I V B C H O M A G E G
A R T A C H I O I N T A T I N
B K A R G E N T R I Q U A L E
L U B R I B A N T O U C H E R
I N T R A U S I E L E U S E S
V I P C T I A G R P R I C N F
R N O I T A T N E M G U A R T
E L S C A I X I Y E E L C I Z
```

● **Mots croisés**

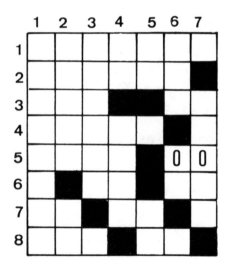

Horizontalement
1. Elle est rare entre les hommes et les femmes.
2. Anne-Marie et André l'étaient.
3. Président-directeur général, dans le désordre. Note de musique.
4. A partir de la 12e lettre de l'alphabet, dans le désordre.
5. Pour voir. Deux fois dans « condition ».
6. Adjectif possessif féminin. Mari coupé en deux.
7. Pronom indéfini. Au milieu d'une banane.
8. Elle habite au .... de chaussée. Avant DO.

Verticalement
1. Donner un travail fixe.
2. Maintenant, il .... un bon salaire. Négation.
3. Après les lundis, mais en désordre.
4. Ce n'est pas elle, mais dans le désordre. Permet de se diriger plus facilement.
5. Les deux tiers de la vie. Trois fois dans « proposition ». La meilleure des cartes à jouer.
6. Avant, on n'écoutait pas la radio mais la .... (télégraphie sans fil). Beaucoup plus cher que l'argent.
7. Verbe auxiliaire.

L'ÉTRANGER

Le soir, Marie est venue me chercher et m'a demandé si je voulais me marier avec elle. J'ai dit que cela m'était égal et que nous pourrions le faire si elle le voulait. Elle a voulu savoir alors si je l'aimais. J'ai répondu comme je l'avais déjà fait une fois, que cela ne signifiait rien mais que sans doute je ne l'aimais pas. « Pourquoi m'épouser alors ? » a-t-elle dit. Je lui ai expliqué que cela n'avait aucune importance et que si elle le désirait, nous pouvions nous marier. D'ailleurs, c'était elle qui le demandait et moi je me contentais de dire oui. Elle a observé alors que le mariage était une chose grave. J'ai répondu : « Non. » Elle s'est tue un moment et elle m'a regardé en silence. Puis elle a parlé. Elle voulait simplement savoir si j'aurais accepté la même proposition venant d'une autre femme, à qui je serais attaché de la même façon. J'ai dit : « Naturellement. » Elle s'est demandé alors si elle m'aimait et moi, je ne pouvais rien savoir sur ce point. Après un autre moment de silence, elle a murmuré que j'étais bizarre, qu'elle m'aimait sans doute à cause de cela mais que peut-être un jour je la dégoûterais pour les mêmes raisons. Comme je me taisais, n'ayant rien à ajouter, elle m'a pris le bras en souriant et elle a déclaré qu'elle voulait se marier avec moi. J'ai répondu que nous le ferions dès qu'elle le voudrait.

A. CAMUS,
L'Étranger

À EXPLIQUER

1) Essayez de reconstituer le dialogue entre les deux personnages.

Le soir, Marie est venue me chercher et m'a demandé :
— Est-ce que tu veux te marier avec moi?
— Cela m'est égal.

2) En quoi la manière dont la scène est rapportée, les réactions du personnage justifient-elles le titre du roman « L'Étranger » ?

La Ronde autour du Monde

« *Si toutes les filles du monde voulaient s'donner la main,*
Tout autour de la terre, elles pourraient faire un'ronde.

Si tous les gars du monde voulaient bien êtr' marins,
Ils f'raient avec leur barque un joli pont sur l'onde.

Alors on pourrait faire une ronde autour du monde,
Si tous les gens du monde voulaient s'donner la main. »

Paul FORT (1872-1960)
Le livre d'or de la poésie française, Pierre Seghers,
Collection Marabout Université
© FLAMMARION.

À RÉCITER

Étranges étrangers

(fragment)

Jacques Prévert, le poèt de la rue, le poète du peuple ne pouvait qu'être sensible au sort souvent très dur des étrangers expatriés, loin de leur famille, de leurs amis. Des étrangers qui ne sont « étranges » que parce que nous faisons d'eux des étrangers.

Étranges étrangers

Kabyles[1] de la Chapelle et des quais de Javel[2]
hommes des pays loin
cobayes des colonies
doux petits musiciens
soleils adolescents de la porte d'Italie[2]
Boumians de la porte de Saint-Ouen[2]
Apatrides d'Aubervilliers
brûleurs des grandes ordures de la ville de Paris
ébouillanteurs des bêtes trouvées mortes sur pied
au beau milieu des rues
Tunisiens de Grenelle[2]
embauchés débauchés
manœuvres désœuvrés
Polacks[3] du Marais du Temple des Rosiers[2]
cordonniers de Cordoue soutiers de Barcelone
pêcheurs des Baléares ou du cap Finisterre
rescapés de Franco
et déportés de France et de Navarre
pour avoir défendu en souvenir de la vôtre
la liberté des autres

Jacques Prévert, *La pluie et le beau temps.* © Ed. Gallimard.

Jacques PRÉVERT,
La pluie et le beau temps, Éd. Gallimard

MINI-LEXIQUE

1. *Kabyles :* habitants de la Kabylie, en Algérie, population berbère.
2. Quartiers de Paris.
3. *Polacks :* Polonais.

À EXPLIQUER

1   *Relevez les origines des étrangers dont parle le poète. Quels métiers exercent-ils ?*

2   *Quels sentiments éprouvés par le poète pour ces étrangers transparaissent dans le texte ?*

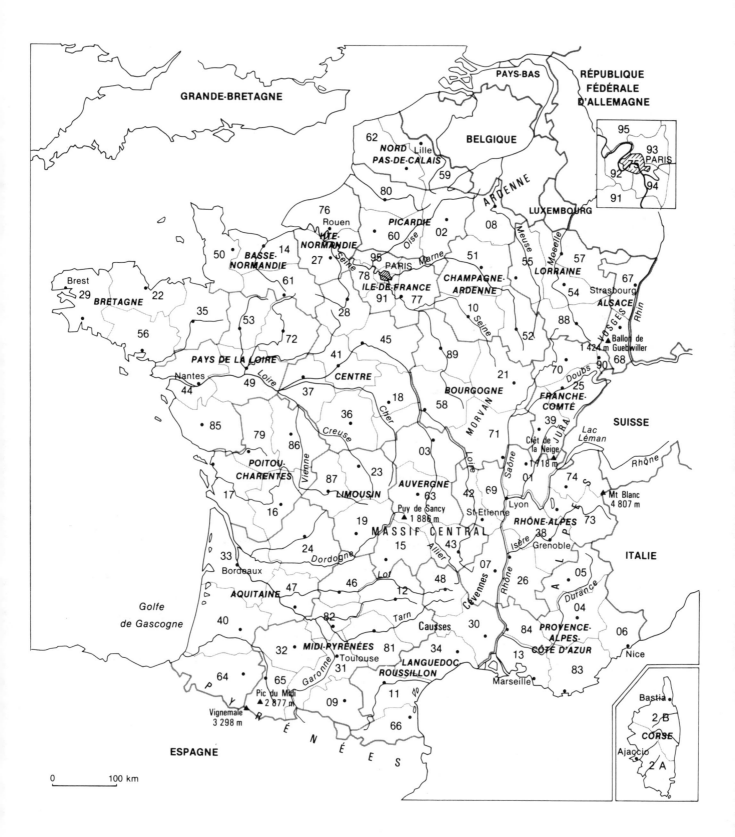

GRANDE-BRETAGNE

PAYS-BAS

RÉPUBLIQUE
FÉDÉRALE
D'ALLEMAGNE

BELGIQUE

62
NORD
PAS-DE-CALAIS   Lille

59

80

76
Rouen   PICARDIE

ARDENNE

LUXEMBOURG

95   93 PARIS
75
92   94
91

HAUTE-
NORMANDIE

02

08

Meuse

60
Oise

50   BASSE-   14
NORMANDIE
27   Seine   95
PARIS
61   78   ÎLE-DE-FRANCE   Marne

51

55   LORRAINE   57

Moselle

Brest
29   BRETAGNE   22
56

35
53   72

91   77

CHAMPAGNE-
ARDENNE

54

67
Strasbourg

ALSACE

28

10   Seine

88

VOSGES

▲ Ballon de
1 424 m Guebwiller

Rhin

PAYS DE LA LOIRE

41   45

89

52

70   Doubs   90   68

Nantes
44   49   Loire

CENTRE

21

25

FRANCHE-
COMTÉ

SUISSE

37   18   58   BOURGOGNE   MORVAN   71   39   Lac
Léman

85   36   Cher   Crêt de
la Neige
• 1 718 m   Rhône

79   Creuse   03   01   74
86   Vienne   AUVERGNE   Saône
17   87   23   63
LIMOUSIN   Puy de Sancy   42   69   Lyon   Isère   73
16   19   ▲ 1 886 m   St-Étienne   RHÔNE-ALPES
MASSIF CENTRAL   38   Grenoble
24   15   43   Allier   07   ITALIE

33
Bordeaux   47   46   12   Lot   48   Cévennes   Rhône   26   05   Durance   06
AQUITAINE   82   Dordogne   04

Golfe
de Gascogne   40   Tarn   Causses   30   84   PROVENCE-   Nice
ALPES-
32   MIDI-PYRÉNÉES   81   34   13   CÔTE D'AZUR   83
Toulouse   LANGUEDOC
64   65   Garonne   31   ROUSSILLON   Marseille
Pic du Midi   09   11
▲ 2 877 m   66
Vignemale
3 298 m

PYRÉNÉES

ESPAGNE

0   100 km

Bastia

2 B

CORSE

Ajaccio
2 A

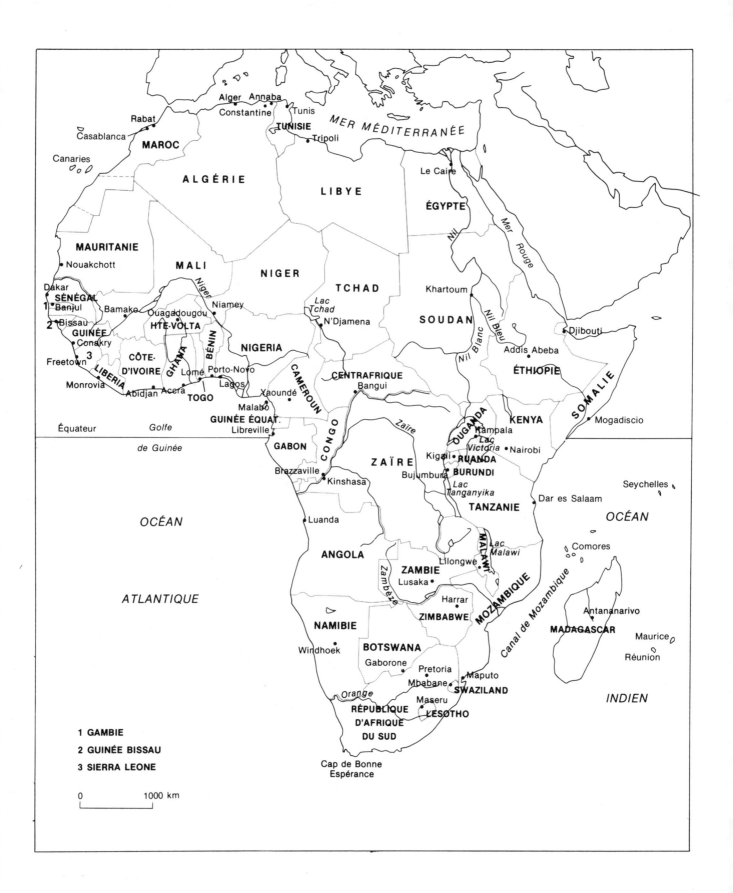

MER MÉDITERRANÉE

Alger Annaba
Constantine Tunis
Rabat **TUNISIE**
Casablanca Tripoli
MAROC
Le Caire
Canaries
ALGÉRIE **LIBYE**
ÉGYPTE
Nil

MAURITANIE
Nouakchott
MALI
NIGER
Khartoum
Mer Rouge
Dakar
SÉNÉGAL
1 Banjul Bamako Niamey
2 Bissau Ouagadougou
GUINÉE **HTE-VOLTA**
Conakry **BÉNIN**
3 **NIGERIA**
Freetown **CÔTE-** **GHANA**
D'IVOIRE Lomé Porto-Novo
Monrovia **LIBERIA** Accra Lagos
Abidjan **TOGO**
Équateur Golfe
de Guinée
TCHAD
Lac
Tchad
N'Djamena
SOUDAN
Nil Blanc
Nil Bleu
Djibouti
Addis Abeba
ÉTHIOPIE
CENTRAFRIQUE
Bangui
SOMALIE
CAMEROUN
Yaoundé
Malabo
GUINÉE ÉQUAT.
Libreville
GABON
Brazzaville
Kinshasa
CONGO
Zaïre
OUGANDA Kampala
Lac
Victoria Nairobi
Kigali **RUANDA**
Bujumbura **BURUNDI**
Lac
Tanganyika
ZAÏRE
KENYA
Mogadiscio

OCÉAN

ATLANTIQUE

Luanda
ANGOLA
TANZANIE Dar es Salaam
Seychelles
OCÉAN
Lac
Malawi
MALAWI
Lilongwe
Comores
Zambèze
ZAMBIE
Lusaka
Harrar
ZIMBABWE
Antananarivo
MADAGASCAR Maurice
MOZAMBIQUE Canal de Mozambique Réunion
NAMIBIE
Windhoek
BOTSWANA
Gaborone
Pretoria
Maputo
Mbabane **SWAZILAND**
Maseru **LESOTHO**
Orange
RÉPUBLIQUE
D'AFRIQUE
DU SUD
INDIEN

Cap de Bonne
Espérance

1 GAMBIE

2 GUINÉE BISSAU

3 SIERRA LEONE

0   1000 km

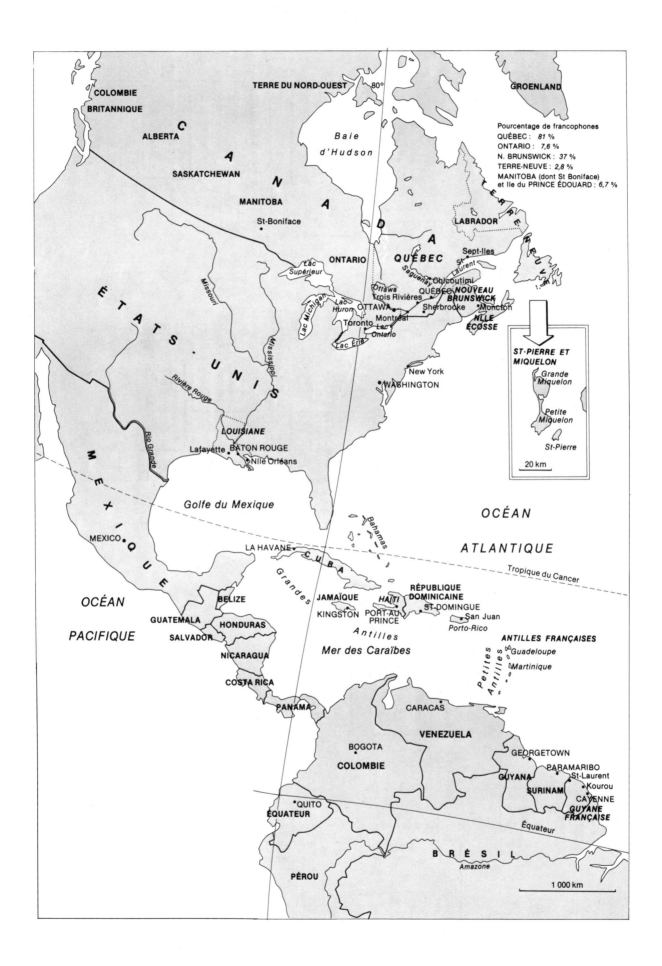

COLOMBIE BRITANNIQUE

TERRE DU NORD-OUEST   80°

GROENLAND

ALBERTA

C A N A D A

Baie d'Hudson

Pourcentage de francophones
QUÉBEC : 81 %
ONTARIO : 7,6 %
N. BRUNSWICK : 37 %
TERRE-NEUVE : 2,8 %
MANITOBA (dont St Boniface)
et Ile du PRINCE ÉDOUARD : 6,7 %

SASKATCHEWAN

MANITOBA

St-Boniface

LABRADOR

TERRE-NEUVE

ONTARIO

Lac Supérieur

QUÉBEC

Sept-Iles

St-Laurent

Saguenay

Chicoutimi

Missouri

Lac Michigan

Ottawa
Trois Rivières
OTTAWA
Lac Huron

QUÉBEC   NOUVEAU BRUNSWICK

Sherbrooke   Moncton

É T A T S - U N I S

Montréal   NLLE ÉCOSSE

Toronto   Lac Ontario

ST-PIERRE ET MIQUELON

Lac Érié

Grande Miquelon

Rivière Rouge

New York

WASHINGTON

Petite Miquelon

St-Pierre

LOUISIANE

20 km

Lafayette   BATON ROUGE

Nlle Orléans

M E X I Q U E

Rio Grande

Golfe du Mexique

OCÉAN

ATLANTIQUE

Bahamas

MEXICO

LA HAVANE

C U B A

Tropique du Cancer

OCÉAN

PACIFIQUE

BELIZE

Grandes

JAMAÏQUE

HAÏTI

RÉPUBLIQUE DOMINICAINE

ST-DOMINGUE

GUATEMALA

HONDURAS

KINGSTON

PORT-AU-PRINCE

San Juan

Porto-Rico

ANTILLES FRANÇAISES

SALVADOR

Antilles

Guadeloupe

NICARAGUA

Mer des Caraïbes

Martinique

COSTA RICA

Petites Antilles

PANAMA

CARACAS

VENEZUELA

BOGOTA

GEORGETOWN

COLOMBIE

PARAMARIBO
St-Laurent
Kourou

GUYANA

SURINAM

CAYENNE

ÉQUATEUR

QUITO

GUYANE FRANÇAISE

Équateur

B R É S I L

Amazone

PÉROU

1 000 km

113

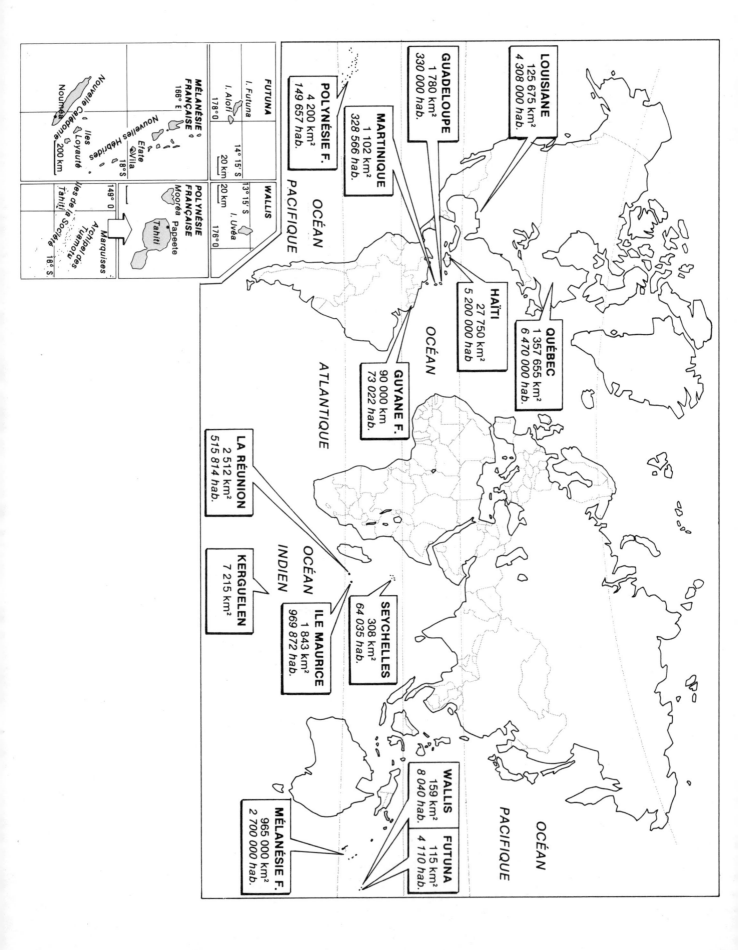

LOUISIANE
125 675 km²
4 308 000 hab.

GUADELOUPE
1 780 km²
330 000 hab.

POLYNÉSIE F.
4 200 km²
149 657 hab.

MARTINIQUE
1 102 km²
328 566 hab.

HAÏTI
27 750 km²
5 200 000 hab.

QUÉBEC
1 357 655 km²
6 470 000 hab.

GUYANE F.
90 000 km
73 022 hab.

OCÉAN PACIFIQUE

OCÉAN ATLANTIQUE

LA RÉUNION
2 512 km²
515 814 hab.

KERGUELEN
7 215 km²

ILE MAURICE
1 843 km²
969 872 hab.

SEYCHELLES
308 km²
64 035 hab.

OCÉAN INDIEN

MÉLANÉSIE F.
965 000 km²
2 700 000 hab.

WALLIS
159 km²
8 040 hab.

FUTUNA
115 km²
4 110 hab.

OCÉAN PACIFIQUE

MÉLANÉSIE
FRANÇAISE
Nouvelle Calédonie
Nouméa
Nouvelles Hébrides
Iles Loyauté
Efate Vila
166° E
14° 15' S
18° S
200 km

FUTUNA
I. Futuna
I. Alofi
178° 0
20 km

WALLIS
I. Uvéa
13° 15' S
178° 0
20 km

POLYNÉSIE
FRANÇAISE
Mooréa Papeete
Tahiti
149° 0
18° S

Iles de la Société
Archipel des Tuamotu
Iles Marquises
Tahiti